SHIICADA:
CAQIIDADEEDA IYO SOOYAALKEEDII GEESKA AFRIKA

SHIICADA: CAQIIDADEEDA IYO SOOYAALKEEDII GEESKA AFRIKA

CABDULQAADIR CABDULLE DIINI

Diini Publications & Looh Press | 2024

LOOH PRESS LTD.
in Partnership with Diini Publications

Copyright © Cabdulqaadir Cabdulle Diini 2024.
Dhowran © Cabdulqaadir Cabdulle Diini 2024
Firt Edition, Third Print January 2024.
Soo Saariddii 1aad, Daabacaaddii 3aad January 2024

All rights reserved.

Xuquuqda oo dhammi way dhawrantahay.
Buuggan dhammaantiis ama qayb ka mid ah sina loo ma daabici karo loo mana kaydsan karo elegtaroonig ahaan, makaanig ahaan ama hababka kale oo ay ku jirto sawirid, iyada oo aan oggolaansho laga helin qoraaga. Waa sharci-darro in buuggan la koobbiyeeyo, lagu daabaco degellada internetka, ama loo baahiyo si kasta oo kale, iyada oo aan oggolaansho laga helin qoraaga ama cid si la caddayn karo ugu idman maaraynta xuquuqda.

WAXAA DAABACAY / PUBLISHED BY:
Looh Press Ltd.
56 Lethbridge Close
Leicester, LE1 2EB
England. UK
www.LoohPress.com
LoohPress@gmail.com

Wixii talo ama falcelin ah ka la xiriir qoraaga:
Diini1991@gmail.com

Galka: Looh Press
Naqshadeynta: Kusmin (Looh Press)

Cinwaankan wuxuu ka diiwan geshanyahay Maktabada Qaranka ee Birittan
A catalogue record of this title is available from the British Library.

ISBN:
978-0-9573180-9-0   Gal khafiif ah (Paperback)

FAALLADA DAABACAHA

WAXAA SUURTOWDA, akhristuhuna isweydiin karaa su'aasha ah; 'Maxaa sababey in waqti badan lagu bixiyo qormadan? ama 'Maxaa keenay inuu qoraagu waqti geliyo soo uruurinta cilmi-baaristan qotoda dheer? amaba 'Waa maxay nuxurka ku jira in arrintan inta buug laga qoro la soo daabaco?' Waxaan isleeyahay su'aalahaasi gebi ahaantood waa kuwo muhiim ah, wax dhib ahina aaney ku jirin in la isweydiiyo. Nasiib-wanaag, buuggani wuxuu si faahfaahsan akhristaha uga haqab-tirayaa jawaabaha su'aalahaas iyo kuwo kale oo ku soo dhici kara maanka akhristaha. Wuxuu daboolka ka qaadayaa xaqiiqooyin badan oo laga yaabo inay ka daahnaayeen akhristaha, haddii aanu ogaanna, laga yaabo inuu halis ugu jiro ku dhicitaanka dabinno qarsoon.

Siyaasadda guud ee caalamka maanta waa mid ku saleysan dan-wadaagid iyo isgaashaan-buureysi fikradeed iyo mid dhaqaale. Waxaad fiirisaa Maraykanka iyo Yurubta Galbeed. Waxaa kuu caddaanaya in dawlado aan isku qaarad aheyni ay leeyihiin heshiis guud, inkastoo ay jiraan waxyaabo badan oo ay ku kala aragti duwan yihiin. Muslimiintu, xilligii Nabiga, NNKA iyo saxaabadii la nooleyd, waxay ka shaqeyn jireen midnimada Muslimiinta iyadoo ay ku dhex noolaayeen kuwo uur-ka-gaallo ah (munaafiqiin). Sidaas oo ay tahay Nabigu, NNKA kuma degdegi jirin, amarna kuma bixin jirin dilidda cadowgaa ku dhex nool. Iskaba daaye, wuxuu ka fekeri jirey sida caalamku u arko diintiisa iyo dacwadiisa. Diblomaasigu (Danjiruhu) waa Daaci, Daaciguna waa Diblomaasi (danjire).

Xilligii saxaabada ayaa waxaa dhashay kooxo kala duwan oo Muslimiintii kala jebiyey, dhibaatana ka dhex-abuurey. Waxaa ugu horreeyey kooxahaas Khawaarijtii ka shaqeysey dilkii Cusmaan Ibnu Cafaan, rc inta Madiina hareereeyey. Waxaa xigey dagaalladii dhexmarey saxaabada, kuwaas oo ka dhashay dilkii Cusmaan, rc. Ismaandhaafkaasu wuxuu dhalay kala-hormarintii iyo kala-saarkii saxaabada. Muddo yar kaddib, waxaa soo if-baxay koox isku magacowdey Kooxdii Cali, kuna caanbaxay Shiico.

Haddii aad si fiican u baartid taariikhda Muslimiinta, waxaa kuu soo baxaya inaaney jirin, Muslimiintana soo marin cadow uga xun ugana burbur badan Khawaarijta iyo Shiicada. Muslimiintu, si kasta ha isku khilaafeen, ha kala fikir duwanaadeen, kala mad-hab ha ahaadeen, mar kasta way wada noolaayeen, si cilmiyeysanna way u wada doodi jireen. Wixii aan khilaaf siyaasadeed ka aheyn, waa dhif iyo naadir inaad taariikhda ka heshid kuwo isku dilaya aragti dhinaca caqiidada ah.

Inkastoo Khawaarijta xooggeedii la burburiyey waagaas, lagana adkaadey-xilliyada qaar haba soo bexeene- ma suurtogelin in Shiicadu, fikir ahaan iyo xoog ahaanba ay tirtiranto. Mar kasta oo ay deegaan qabsadaan, ama ay ku bataan waxay ka shaqeyn jireen sidii Muslimiinta loo dhabar-jebin lahaa. Arrinkaas waxaa ku tusaya taariikhda dheer ee qorsheynta dilitaanka qarsoon, taageeridda cadowga dagaalka kula jira Muslimiinta, xasuuqa ay ka geystaan meeshii ay awood ku yeeshaan. Fiiri oo akhri taariikhda

Ismaaciiliyada oo ah koox shiicada ka mid ah iyo taladii ay ku lahaayeen qabsashadii Tataarka ee dhulka Muslimiinta.

Nasiib darro, Geeska Afrika waxaa ku habsadey nabad la'aan, dhaqaalo la'aan iyo kalsooni la'aan. Arrimahaas oo dhan waxay keeneen in la kala saari waayo kuwa wax ku taraya ee wanaag kula raba iyo kuwa god-hadimo kuu qodaya. Waxaad mooddaa inay Soomaalidu muddo dheer ka soo bedbaaddey qaska iyo qalalaasaha soo maray, welina ka taagan meelo badan oo dunida Muslimka ka mid ah kuwaas oo salka ku haya Sunninimada iyo Shiicannimada. Sidaas darteed, waxaa lama huraan ah in qof kasta oo Soomaali ah, rabana inuu wax ka ogaado taariikhda Shiicada, waqtina aan u heynin cilmi baaris dheer ama akhrin kutub faahfaahsan, inuu isku dayo inuu buuggan isha mariyo.

Xilligan la joogo dunidu waa mid isku furan, dhibkii meel ka dhacaana laga yaabo inuu dunida dacalladeeda isaga gudbo. Sidaas awgeed, suurtogal ma ahan in la iska indha-tiro, ama la iska fogeeyo dhibaatooyinka, guud ahaan, Muslimiinta lagu hayo, gaar ahaan kuwa dawladda Shiicada Iiraan ay ka waddo dunida Muslimka oo ay Soomaaliya ka mid tahay. Cabdulqaadir Cabdulle Diini waa qoraa wax ka yaqaan arrimaha Diinta, aqoonna u leh, waxna ka qorey kooxaha Islaamka u nasab-sheegta, cilmi-baaris dheerna ku sameeyey qodobbada buuggu ka hadlayo. Waxaan Eebbe ka baryeynaa inuu buuggan ka dhigo mid indhaha u fura, iskuna soo dhoweeya bulshada Soomaaliyeed.

Maxamed Cabdulaahi Cartan
CEO of Looh Press
01 February 2016

TUSMADA BUUGGA

Faallada Daabacaha .... **iii**
Tusmada Buugga .... **vii**
Hordhac **1**
   Ujeeddada qormada iyo qaybaheeda *3*

Qaybta Koowaad: **7**
Taariikhda Shiicada **9**
   Macnaha ereyga "Shiico" luqad ahaan. *9*
   Macnaha "Shiico" erey-bixin ahaan: *11*
   Bilowgii Caqiidada Shiicada *12*
  Qaybaha Shiicada 15
    Saba'iya, Kaysaaniya iyo Mukhtaariya *16*
    Saydiya *18*
    Raafida *21*
    Nuseyriya (Calawiya) *23*
    Ismaaciiliya (Baadiniya) *24*
    Qaraamida *26*
    Cubeydiyiin (Faadimiyiin) *28*
    Duruus *30*

Qaybta Labaad: **33**
Caqiidada Shiicada **35**
  Caqiidada Ithnaa Cashariyada: 35
    Aragtidooda Imaamnimada *35*
    Aragtidooda Saxaabada *38*

Aragtidooda Quraanka......39
Caqiidadu Badaa' (عقيدة البداء)......34
Caqiidada Dhoobada......44
Caqiidada Is-qarinta (التقية)......44
Aragtidooda Muslimiinta Sunniga ah......47
Caqiidada Soo noqoshada (الرّجعة)......15
Aragtida Mutcada......52
Al-Khumus......55
Nuseyriya (Calawiya)......56
Caqiidada Ismaaciiliyada (Baadiniya).......57
Alle iyo Imaamyada......58
Nabinnimada.......60
Shareecada iyo Quraanka.......61
Qiyaamaha......62

Qaybta Saddexaad:......65
Qorshaha Shiicada ee Dunida Muslimka......67

Qaybta Afraad:......81
Sooyaalkii Shiicada ee Geeska Afrika......83

Gunaanad......101
Soo jeedin......104

Tixraacyada......109

Lifaaqyada......117

BOGGA SIXIDDA (ERRATA SHEET)......133

WARQADDA FAALLADA......135

HORDHAC

XILLIYADAN DAMBE, laga soo bilaabo kacaankii Iiraan ee 1979, dawladda Iiraan waxay waddey ololc xoog leh iyo qorshe cad oo ay ku dooneyso inay ku faafiso caqiidada shiicada. Si ay yoolkaa u gaarto, waxay dejisey qorshe ay ku magacowdey `Qorshaha Kontonka Sano' oo ay ugu talogashay inay muddo konton sano gudahood ah ay noqoto quwadda wax laga weydiiyo dunida Muslimka diin ahaan, dhaqaale ahaan iyo cudud ahaanba. Waxay isku taxalujisey inay noqoto xarunta looga taliyo dunida Muslimka iyo goobta laga qaato fatwada diinta. Qorshahaasu ma ahan mid si kadis ah isaga yimid ee waa mid muddo dheer laga shaqeynayey, laguna bixiyey waqti, naf iyo moodba.

Aragtidaa isballaarinta ee ay dawladda Iiraan waddo ma ahan mid qarsoodi ah, wuxuu si cad uga muuqdaa siyaasaddeeda ku aaddan dunida Muslimka. Farogelinta iyo saameynta Iiraan ee dhanka diinta, siyaasadda, dhaqaalaha iyo ciidanka ee ay ka waddo bulshada Muslimka ee sunniga ah iyo sida ay u dooneyso inay ula wareegto waa mid caadyaal ah oo aan qarsoodi aheyn.

Si ay u gaarto himiladeeda, Waxay dejisey qaab siyaasadeed qorsheysan oo qarsoodi ah. Marka hore, inay hormariso awooddeeda ciidan si ay gobolka ugu yeelato awood ay danaheeda ku fuliso. Kaddib, inay ku dedaasho sidii ay si dahsoon ugu fidi laheyd, gacan xoog lehna ay ugu yeelan laheyd wadammada deriska ah, taas oo u gogol-xaareysa mabda'eeda isballaarineed. Sidoo kale, inay xaddiddo oo hor-istaagto awoodda ciidan iyo horumarineed ee dawladaha gobolka, sidoo kalena ay yareyso farogelinta dibadda.

Si ay hadoodil ugu hesho siyaasaddeeda dahsoon, waxay muujisaa inay tahay dawladda keliya ee u doodda dadka muslimiinta ah ee dhibaatada lagu hayo, afhayeenna ay u tahay, gaar ahaan kuwa dulman, sida Falastiin. Sidoo kale, goobaha ay masiibooyinku ka dhacaan, sida abaaraha iyo duufaannada, ee ay danaha gaarka ah ka leedahay, waxay si degdeg ah u geysaa gargaar iyo kaalmo si ay u hanato dadka, una hesho jid ay ku fuliso mabda'eeda. Tusaale waxaan u soo qaadan karnaa abaartii Soomaaliya ku dhufatey 2011, Iiraan waxay ka mid aheyd dawladihii gurmadka ku yimid.

Muddadii ka dambeysey burburkii dawladdii Soomaaliyeed ee 1991, Iiraan waxay bilowdey inay muujiso taageerada ay u hayso shacabka Soomaaliyeed iyadoo sheeganeysa inay ka soo horjeeddo faragelinta shisheeye ee waddanka lagu hayo. Siyaasaddeeda Soomaaliya ku wajahan wuxuu soo shaax baxay markii bishii Ogosto 2011 uu safar ku tagey Soomaaliya wasiirkii arrimaha dibadda ee Iiraan, Cali Akbar, isagoo dawladdii kumeel-gaarka aheyd ee xilligaa Soomaaliya ka jirtey u ballan qaadey inay ka caawin doonaan dhanka gargaarka, caafimaadka iyo waxbarashada. Xilligaa wixii ka dambeeyey waxaa soo ifbaxay olole xooggan oo ay Iiraan ka waddo gudaha Soomaaliya.

Arrinkaasu wuxuu keenay baraarug iyo hadal-heyn bulshada dhexdeeda ah, gaar ahaan culimada iyo dadka indheergaradka ah. Waxaa aad looga digey khatarka bulshada Soomaaliyeed ku soo wajahan iyo fiditaanka xawliga ku socda ee mad-habka shiiciga ee ku hooslammaan gargaarka ay Iiraan bixiso. Dhanka kale, bulshadii Soomaaliyeed ee Galbeedka u qaxdey waxaa ka soo dhexbaxay dhowr ruux oo sheeganeysa inay qaateen caqiidada shiicada.

Waxyaabaha fududeeyey inay caqiidada shiicadu si sahlan ugu dhex-fiddo ummadda Soomaaliyeed waxaa lagu soo uruurin karaa dhowrkan qodob:

1. Ummadda Soomaaliyeed oo aan wax aqoon ah u laheyn caqiidada Shiicada, qaarkoodna aaney ugaba duwaneyn inuu yahay mad-hab la mid ah midka Xanafiga ama Maalikiga.
2. Saboolnimada ummadda ku faaftey waxay sahashey in hay'adaha gargaarka ee Iiraan ay si fudud bulshada ku dhexgalaan iyagoo gabbaad ka dhiganaya caawinta dadka tabaaleysan.
3. Soomaalidu waa dad diin jecel, aadna u xushmeeya ehelka Nabiga NNKA (Aalu Beyt). Waxyaabaha Shiicadu dadka ku dagto waxaa ka mid ah inay u gargaaraan oo ay jecel yihiin Aalu Beytka.
4. Iiraan waxay, af ahaan, isku muujisaa inay Islaamka difaacayso, kana soo horjeeddo duullaanka reer Galbeedka. Bulshada Soomaaliyeed oo lagu yaqaan ummad ka dhiidhida xadgudubka iyo dulanka muslimiinta lagu hayo, arrinkaas waxay ku heshay soo dhoweyn iyo nuglaan bulshada dhexdeeda ah.

Ujeeddada qormada iyo qaybaheeda

Qormadan waxaa loogu talo-galey inay wax ka bidhaamiso caqiidada iyo sooyaalka shiicada ee Geeska Afrika. Nuxurka ujeeddada qormadan laga leeyahay waxaa lagu soo koobi karaa:

- In bulshada loo caddeeyo loogana digo mabda'an khaldan ee ay dawladda shiicada ee Iiraan ay ummadda ku dhexfaafinayso. Danta ay arrinkaa ka leeyahay waa sidii loo dhalan-rogi lahaa caqiidada saxda ah ee Ahlu Sunna Waljamaaca ee ay ummadda Soomaaliyeed haysato.
- In bulshada Sunniga ah loo caddeeyo tabaha iyo xeeladaha loo adeegsado faafinta caqiidada shiicada. Waddooyinka ay ummadda ka soo galaan in la tuso, kuwaas oo ay ka mid yihiin sheegashada beenta ah ee jaceylka Aalu Beytka iyo naceybka gaalada. Dad badan oo aan si hoose u aqoon caqiidada shiicada ayaa ku kadsoomey khudbadaha dhiillada wata ee ay madaxdoodu jeediyaan. Dagaalkii Yuhuudda iyo Xisbullaah ayaa ka mid ah dhacdooyinkii dad badan khaldey. Waxaysan dad badani ogeyn in dagaalkaasu ahaa mid daneed ama siyaasi oo la isku haystey cidda noqoneysa awoodda Bariga Dhexe ee aanu aheyn mid diineed. Xisbullaah waxay mataleysey Iiraan, cidda is-haysaana waxay aheyd Yuhuudda iyo Iiraan.
- Inaan wax ka tilmaanno siyaabaha looga gaashaaman karo mabda'an ay daadihinayaan dawlad iyo bulshadeedii oo isku duuban.
- In aqoon-yahanka iyo waxgaradka oo ay culimadu ugu horreeyaan lagu baraarujiyo sidii ay arrinkan ugu kici lahaayeen. Sidoo kale, in maamullada jira, ha ahaadeen mid dawladeed, mid gobol iyo mid ururba la dareensiiyo masuuliyadda ummadda ka saaran oo ay ugu horreyso inay caqiidadooda dhowraan, kana ilaaliyaan mabaadi'da khaldan ee lagu dhex faafinayo, kuwaas oo ay ugu horreyso caqiidada shiicada.

- In wax laga sheego sooyaalkii iyo taariikhdii shiicada ee Geeska Afrika, ama Soomaaliya. Inaan si kooban u tilmaanno raadadkii ay ku lahaayeen geyiga Soomaaliyeed iyo inta uu le'ekaa.

Buuggu wuxuu ka kooban yahay Afar qaybood. Qaybta koowaad waxay ku saabsan tahay taariikhda Shiicada, qaybta labaadna caqiidada shiicada, qaybta saddexaadna qorshaha dawladda shiicada ee Iiraan ee ku aaddan dunida Muslimka. Qaybta ugu dambeysa waxay ka hadleysaa sooyaalkii shiicada ee Geeska Afrika (Soomaalida).

Waxaa jira ereyo dhowr ah oo la soo gaabiyey:
NNKA: Nabadgelyo iyo naxariis korkiisa ha ahaato
Cs: (عليه السّلام) Nabadgelyo korkiisa ha ahaato
Rc: (رضي الله عنه\عنهم) Allaah raalli ha ka noqdo
H: Taariikhda Hijriga

Qaybta Koowaad:

TAARIIKHDA SHIICADA

Macnaha ereyga "Shiico" luqad ahaan.

EREYGA "SHIICO" waa erey carabi ah macnihiisuna yahay isu hiillin iyo isgargaarsasho.

Qaalib (2001) wuxuu ku sheegay isagoo ka soo guurinaya Al-azhariyi: Shiicadu waa taageerayaasha qofka iyo kuwa raaca, ummad kasta oo arrin isugu timaaddana waa shiico. Sidaa darteed, macnuhu wuxuu ku soo uruurayaa koox kasta oo isgarabsata, isuna hiillisa iyagoo dadka intiisa kale iska xigsanaya.

Quraanka meelo dhowr ah ayey uga soo aroortey, iyadoo loola jeedo macneheeda luqadeed. Mar iyadoo loola jeedo koox ama ummad, sida aayadda suuratu Maryam:

{ثُمَّ لَنَنزِعَنَّ مِن كُلِّ شِيعَةٍ أَيُّهُمْ أَشَدُّ عَلَى الرحمن عِتِيًّا} [مريم: ٩٦]

Mar waxay ku timaaddaa koox gaar u taagan:

{إِنَّ الَّذِينَ فَرَّقُوا دِينَهُمْ وَكَانُوا شِيَعًا} [الأنعام: ١٥٩]

Mar qaraabo, xigto iyo garab-istaag:

$$\{هَذَا مِنْ شِيعَتِهِ وَهَذَا مِنْ عَدُوِّهِ\} \; [القصص: 51]$$

Mar kale waxaa lagu sheegay dad isku mabd'a, diin iyo caqiido ah, sida aayadda Suuradda As-Saafaat:

$$\{وَإِنَّ مِنْ شِيعَتِهِ لَإِبْرَاهِيمَ\} \; [الصافات: 38]$$

Qisadu nabi Nuux cs ayey ka hadleysey, kaddib ayaa Alle raaciyey in dadkii nabi Nuux cs ay isku caqiidada iyo diinta ahaayeen uu ka mid yahay nabi Ibraahiim, cs.

Waxa kale oo ay ku soo aroortey iyadoo loola jeedo la mid ahaan, ama saaweyn:

$$\{وَلَقَدْ أَهْلَكْنَا أَشْيَاعَكُمْ فَهَلْ مِنْ مُدَّكِرٍ\} \; [القمر: 25]^1$$

Sidoo kale, Quraanku wuxuu u isticmaaley dadku markii ay kala tagaan, mabaadi' kala duwanna ay qaataan, khilaafna dhexyaal.

$$\{قُلْ هُوَ الْقَادِرُ عَلَى أَنْ يَبْعَثَ عَلَيْكُمْ عَذَابًا مِنْ فَوْقِكُمْ أَوْ مِنْ تَحْتِ أَرْجُلِكُمْ أَوْ يَلْبِسَكُمْ شِيَعًا وَيُذِيقَ بَعْضَكُمْ بَأْسَ بَعْضٍ\} \; [الأنعام: 56]$$

Sunnada wey ku soo aroortey iyadoo ereygaa la isticmaalayo, loolana jeedo macnihii luqadda ee ahaa koox cid raacsan. Xadiis ayuu Imaam Axmed soo saarey, ku saabsan qisadii ninkii khawaarijiga ahaa ee Nabiga NNKA ku yiri, "Caddaalad fal, uma arko inaad caddaalad faleyside". Nabigu wuxuu qaybinayey xoolihii Xuneyn. Nabigu NNKA wuxuu yiri,

$$"فَإِنَّهُ سَيَكُونُ لِهَذَا شِيعَةٌ يَتَعَمَّقُونَ فِي الدِّينِ حَتَّى يَخْرُجُوا مِنْهُ، الْحَدِيثَ"^2$$

---

1 Qaalib Bin Cali Cawaajiyi (2001).
2 Al-Qifaariyi, Naasir Bin Cabdullaahi (1994).

QAYBTA KOOWAAD:
Taariikhda Shiicada

Macnaha "Shiico" erey-bixin ahaan:

Macanaha ereyga "Shiica", erey-bixin ahaan waxaa loogu yeeraa kooxdii Cali rc taageertay una gargaartey, kana dhigatey imaam, kana hormarisey saxaabada intooda kale.³

Sidoo kale, waxaa lagu qeexay kooxdii Cali, rc sida gaarka ah u taageertay, rumeysanna imaamnimadiisa, oo qaba in carruurtiisu ka dhaxleyso.⁴

Shahrastaani wuxuu ku qeexay in Shiico, magac-bixin ahaan la yiraahdo kuwa Cali rc baan gargaar u nahay oo taageersannahay yiraahda, oo weliba yiraahda Nabi Maxmmed, NNKA markii uu geeriyooday khilaafada iyo hoggaanka muslimiinta waxaa iska lahaa Cali rc. Arrinkaasu inaanu aheyn mid dadka u yaal, waa arrin Alle Quraanka ku sheegay, nabi Maxammedna, NNKA axadiis ku sheegay in Cali madax yahay, Cali kaddibna weligeed carruurtii uu dhalay iyo faraciisa ayaa dhaxal ahaan u leh.⁵

Ereyga "Shiico" in magac looga dhigo koox gaar ah lama aqoon xilligii hore, waxaase loo isticmaali jirey macnihiisa luqadda ah. Isticmaalka ereyga loo isticmaalo koox gaar ah wuxuu soo caan baxay khilaafkii Cali iyo Mucaawiye, Allaah raalli ha ka noqdee. Dadkii taageeyey Cali, rc, waxaa la oran jirey Shiicadii Cali, dadkii Mucaawiye, rc, taageereyna shiicadii Mucaawiye. Khilaafka labada dhinac dhex yaalley wuxuu ahaa mid ku saabsan sidii laga yeeli lahaa nimankii diley Amiirkii Muuminiinta, Cuthmaan Ibnu Cafaan,rc.⁶

Heshiiskii muslimiinta dhexmarey ee ay labada dhinac wakiil ka kala ahaayeen Abuu Muusa Al-ashcariyi iyo Camar Ibnu Caas warqaddii lagu qorey heshiiska, (wathiiqatu

---

3   Kaamil M. Ash-shaybiyi (1982).
4   Mamduux Al-xarbiyi. (1426H)
5   Almila wa-nixal
6   Ixsaan I. Dahiir (1995).

taxkiim) waxaa ku jirey ereyada warqadda ereyga Shiicada Cali iyo Mucaawiye oo loola jeedey taageerayaashooda:

هذا ما تقاضى عليه علي بن أبي طالب ومعاوية بن أبي سفيان، قاضي علي على أهل العراق ومن معهم من شيعتهم والمسلمين وقاضي معاوية على أهل الشام ومن كان معه من المؤمنين والمسلمين.[7]

Bilowgii Caqiidada Shiicada

Bilaabashada fikirka shiicada qorayaasha taariikhdu way ku kala duwan yihiin. Qaar ayaa qaba inuu la bilaammey dhimashadii Nabiga, NNKA markii saxaabadu ku wada hadleen ciddii masuuliyadda qaban laheyd. Kuwo kale ayaa qaba in fikirku bilaammey dhammaadkii khilaafadii Cuthmaan Ibnu Cafaan, rc. Qolo ayaa aaminsan inay shiicannimadu bilaabantey dagaalkii Cali iyo Mucaawiye, labadoodaba Allah raalli ha ka noqdee, halka koox kale ku sheegto dilkii Xuseen Bin Cali, rc.[8]

Culimada qaar ayaa ka dhigey labo qaybood oo kala duwan; shiicannimadii siyaasadda iyo middii caqiidada aheyd. Midda siayaasadda waxay bilaabentey dabayaaqadii xukunkii Amiirul Muuminiin, Cuthmaan Ibnu Cafaan, rc. Arrinkaasu wuxuu salka ku hayey kala taageeriddii saxaabadu kala raaceen Cali iyo Macaawiye, labadoodaba Allaah raalli ha ka noqdee. Khilaafkaasu wuxuu ahaa mid siyaasadeed, labada dhinacna mid walba inuu isagu xaqa ku taagnaa ayuu qabey. Midka caqiidadu wuxuu askunmay khilaafkaa ka hor, waxaana aasaaskiisa lahaa Cabdullaahi Ibnu Saba' oo yuhuud ahaa, islaannimadana sheegtay bilowgii xilligii Cuthmaan Ibnu Cafaan, rc.[9]

---

7 Ibnu Kathiir, Ismaaciil Bin Cumar. (2010).
8 Axmed Maxammed (1987).
9 Axmed Alqaamidiyi (2010).

QAYBTA KOOWAAD:
Taariikhda Shiicada

Aqoonyahannada taariikhda wax ka qora iyo cilmibaarayaashii; kuwoodii hore iyo kuwii dambeba waxay isku raaceen in C/llaahi Ibnu Saba' uu ahaa aasaasihii shiicada. Kutubta Sunnada iyo Shiicaduba waxay ka marag-keceen jiritaanka C/llaahi Ibnu Saba', wayna ku xuseen kutubtooda, inkastoo shiicada hadda joogta ay isku daydo inay inkirto. Qaar ka mid ah culimada shiicadu qaddariso, sida Nuubakhti iyo Adduusi, waxay caddeeyeen in C/llaahi Ibnu saba' uu ka soo jeedey yuhuuddii Yaman degganeyd.[10]

Xuseen Muusawi, oo ah xeel-dheere Shiico ah, wuxuu sheegey inay shiicadu ku andacooto in C/llaahi Ibnu Saba' uu yahay qof aan jirin oo sunniyiintu abuureen si ay u duraan caqiidada shiicada. Laakiin wuxuu sheegay, kaddib markii uu dib ugu noqdey kutubtooda muctabarka ah (loo qaateenka ah), in C/llaahi Ibnu Saba' uu ahaa qof jira. Wuxuu fagaarayaasha ka jeediyey duridda Abuubakar, Cumar, Cuthmaan iyo saxaabada, wuuna iska fogeeyey, wuxuuna sheegtay in Cali sidaa amray. Cali, rc wuu soo qabtey wuxuuna weydiiyey waxa laga sheegay, wuuna qirtey. Cali, rc Wuxuu amar ku bixiyey in la dilo, waxaase ka horyimiddadkii Cali taageersanaa, iyagoo u qabey inay dhab ka tahay ugu yeeridda uu dadka ugu yeerayo jaceylka Aalu Beytka iyo garab-istaaggiisa. Kaddib, Cali, rc Madaa'in ayuu u musaafuriyey. Wuxuu sheegtay nabinnimo, Calina, rc inuu Alle yahay, wuxuuna ahaa ruuxii ugu horreeyey ee sheega waajibnimada imaamnimada Cali rc.[11]

C/llaahi Ibnu Saba' wuxuu bilaabey mabda'a ah in nabi haddii uu dhinto maamulka iyo xukunka isagoon cid kala dardaarmin oo caddeyn aanu dhiman. Wuxuu sheegay in Nabigu uu dardaarmey, cid gaar ahna uu u dardaarmey, cidda uga xaq badanina ay Aalu Baytka yihiin, qofku ugu fadliga

---

10 Al-Qifaariyi, Naasir (1428H).
11 Xuseen Muusawi (2007).

badan Aalu Baytkana uu yahay Cali, rc. Sidaa darteed Nabigu NNKA wuxuu dardaarmey in khilaafada Cali rc leeyahay. Markii Cali khilaafada loo dhiibey ayaa waxaa bilaammey fikirka culimadu u bixisey Fikiru Saba'i oo qaba, yiraahdana Cali waa macsuum oo dambi kama dhaco.

Qayb ayaa ka badbadisey oo tiri Cali waxaa ku jira qayb Ilaahnimo ah, isaga ayaa daruuraha keena, onkodku waa codkiisa, hillaacuna waa shaabuuggiisa. Cali intuu qabqabtey ayuu dab ku gurey. Cabdullaahi Ibnu Saba,' Cali, rc oo nool ayuu bilaabey inuu faafiyo in Cali rc adduunka ka tegayo laakiin aanu dhimaneyn, uuna soo noqon doono, waana aragtida loogu yeero Caqiidatu Rajcah. Wuxuu bilaabey inuu magaalooyinka isaga goosho isagoo aragtidaa khaldan faafinaya.[12]

Sida uu qabo Abuu Zuhrata (nd), Shiicadu waxay faaftey xilligii reer Banii Ummaya, waxayna reer Banii Ummaya dariiq u fureen in fikirka Shiicadu helo marmarsiinyo iyo waxay ku gabbadaan. Waxay jideeyeen sunno xun, waxayna minbarrada ka lacnadi jireen Amiirul Muuminiin Cali rc, dhammaan saxaabadii joogteyna aragtidaa reer Banii Umaya way ka horyimaadeen, laakiin maaney laheyn awood ay ku joojiyaan. Arrinkaa waxaa sii huriyey dilkii Xuseen Ibnu Cali, rc xilligii Yasiid Ibnu Macaawiye. Fikirka Shiicadu wuxuu ka bilaammey Masar, kaddibna wuxuu ku faafey Ciraaq, halkaas oo saldhig u noqotey. Makka iyo Madiina waxay ahaayeen saldhiggii sunnada iyo xadiiska, taasna waxay keentay inaanu fikirka sheecadu boos ka helin.

Fikirkani wuxuu xoog ku yeeshay Ciraaq, waxayna noqotay halkii ugu xoog badneyd ee laga mucaaradey reer Banii Umaya. Waxay ka dugsanayeen dhowr arrimood. Tan hore, waxay xarun u ahayd khilaafadii Cali rc, halkaas oo ay u badnaayeen xilligiisii. Dhimashadii Cali, rc halkaas ayey

---
12 Axmed M. Jali (1987).

QAYBTA KOOWAAD:
Taariikhda Shiicada

isku uruursadeen, Mucaawiyena, rc uu u direy Yasiid Ibnu Abiih oo cagta mariyey kacdoonkoodii. Sidoo kale, Ciraaq waxay ahayd meel saldhig u ah ilbaxnimo iyo xadaarado kala duwan. Waxay ahayd meel afkaar iyo aragtiyo kala duwani ay ku kulmaan oo ay ka soo baxaan kooxo iyo firqooyin kala jaad ah.

Fikirka shiicada waxaa ku badan dhaqammadii quruumihii dhulkaa ku noolaa. Dhanka faarisiyiinta waxay wadaagaan aaminsanaanta madaxtinnimo iyo boqortooyo la kala dhaxlo, waana sidii ay ku dhisneyd dawladihii Faaris. Dhanka kale, waxay qaateen babaadi' badan oo Yuhuudi asal u lahayd oo ay ka mid tahay inay aaminsan yihiin qaar ka mid ah rusushii reer Banii Israa'iil inay ilaa hadda nool yihiin. Taas waxaa ka markhaati kacaya inuu C/llaahi Ibnu Saba' uu lahaa aragtida ah inaanu Cali, rc dhiman oo uu soo noqon doono. Wuxuu faafiyey inuu Tawreet ka helay in nabi walba uu dardaarmi jirey, nabi Maxammedna, NNKA uu Cali, rc dardaarmey.[13]

Qaybaha Shiicada

Culimadu wey isku khilaafeen qaybaha shiicadu u kala baxdey, qaarkoodna waxay gaarsiiyeen toddobaatameeyo. Qaar culimada ka mid ahi waxay u qaybiyeen kuwo asal ah iyo qaar kuwaa ka farcamey. Qaar ayaa ku soo uruuriyey labo madax oo kala ah Zaydiya iyo Raafida, Culimada qaarkoodna waxay ku soo koobeen saddex qaybood oo waaweyn inta kalena waxay ku sheegeen inay yihiin laamo saddexdaa ka farcamey. Culimo kale ayaa waxay ka dhigeen afar qaybood oo asal ah, kuwo kalena tirada shan ayey gaarsiiyeen, inta kalena waxay hoos geeyeen qaybahaa waaweyn.[14] Shahrastaani wuxuu doortey inay u qaybsamaan shan qaybood oo asal ah oo kala ah: Kaysaaniya, Saydiya,

---

13 Abuu Zuhrata, Maxammed (nd).
14 Al-Qifaariyi, Naasir Bin Cabdullaahi , (1994).

Imaamiya, Qullaat iyo Ismaaciiliya.[15] Al-Baqdaadi wuxuu qaatey inay u qaybsameen afar qaybood oo waaweyn, qayb kastaana ay sii kala baxdey, wuxuuna ka dhigey: Saydiya, Imaamiya, Kaysaaniya iyo Qullaat.[16]

Kala-duwanaani kama muuqato sida ay u qaybiyeen Shahrastaani iyo Baqdaadi, waxayse ku kala duwan yihiin halka Ash-Shahrastaani uu Ismaaciiliya koox gaar ah ka dhigay, Al-baqdaadiyi wuxuu raaciyey qaybta Imaamiya. Iyadoo ay caddahay inay Shiicadu qaybo badan u kala baxdey, haddana xilligan la joogo waxaa jiritaan la sheego leh, uguna waaweyn Saddex kooxood, waana Ithnaa Cashariya (Jacfariya, Imaamiya, Raafida), Saydiya iyo Ismaaciiliya.[17]

Saba'iya, Kaysaaniya iyo Mukhtaariya

Sidii aan soo xusney mabda'a shiicada waxaa dhagax-dhigey ninkii la oran jirey C/llaahi Ibnu Saba' oo ka soo jeedey Yuhuuddii Yaman degganeyd. Aragtidii uu rumeysnaa waxay la magac baxdey Saba'iya, kaddibna waxay u xuubsiibatey Kaysaaniya. Markii Cali Ibnu Abii Daalib la diley ayey isku qabteen cidda dhaxleysa imaamnimada muslimiinta. Qaar waxay ku doodeen in Maxammed Bin Cali oo ku magac-dheeraa Al-Xanafiya uu iska leeyahay, waana kooxda Kaysaaniya la magac-baxdey. Qayb kale waxay yiraahdeen waxaa dhaxalka iska leh bah Faadumo rc, waana Shiicada inteeda kale.

Kaysaan wuxuu ahaa mawlihii Cali Ibnu Abiidaalib rc, sidoo kale waxaa la yiraahdaa wuxuu arday u ahaa Maxammed Ibnu Xanafiya. Wuxuu ahaa ninkii faafiyey aragtidii C/llaahi Ibnu Saba'. Intii aanu Xasan, rc madaxtinnimada Macaawiye uga harin iskumaaney khilaafin in Xasan rc uu dhaxalka

---

15 Ash-shahrastaani, Maxammed Bin Cabdulkariim, (1992)
16 Al-baqdaadiyi, Cabdulqaahir Bin Daahir (1977).
17 Usaama Shaxaata & Haytham Al-Kiswaaniyi (2008).

QAYBTA KOOWAAD:
Taariikhda Shiicada

leeyahay, laakiin xilligaas ayey kala jabeen. Waxaa ka leexday kooxda Kaysaaniya la baxdey oo rumeysneyd in Maxammed Ibnu Xanafiya uu dhaxalka leeyahay,welibana uu Cali, rc isaga u dardaarmey madaxtinnimada, ciddii khilaaftaana ay diinta ka baxeyso.

Muddo kaddib, waxaa soo baxay nin la yiraahdo Mukhtaar Bin Abii Cubeyd Bin Mascuud Athaqafi, wuxuuna hormood u noqdey kooxdii Kaysaaniya, muddo kaddibna waxay qaadatey magaciisii oo waxay la baxdey Mukhtaariya. Culimada qaar ayaa ku tagey in magaca Kaysaan uu ahaa neynaas uu Mukhtaar qudhiisu lahaa. Aabbihi, Abii Cubeyd, wuxuu ahaa nin saxaabi ah, wuxuuna hogaaminayey, kuna shahiidey dagaalkii ay muslimiintu ku furteen Ciraaq. Kaddib, waxaa korintiisii la wareegey adeerki Saciid Bin Mascuud oo xilligii Cali, rc guddoomiye ka ahaa Kuufa. Wuxuu ahaa nin maskax iyo karti lagu sheego, dabo-maryo iyo is-rog-rog badan, wuxuuna lahaa han siyaasadeed iyo maamul jaceyl.[18]

Ugu horreyn, Mukhtaar wuxuu qaatey fikirkii Khawaarijta, kaddibna wuxuu ku biirey kooxdii Cali, rc raacdey. Xilligii Cubeydullaahi Ibnu Siyaad uu Kuufa haystey ayaa Mukhtaar lagu xirey, kaddibna markii Xuseen, rc la diley ayaa la sii daayey. Wuxuu ku laabtey Xijaas oo uu markaa xukumo C/llaahi Ibnu Subeyr rc, beycana la galay. Markii uu dhintey Yasiid Ibnu Macaawiye ayuu Kuufa ku noqdey, halkaana uu dhaqdhaqaaq ka bilaabey.

kacdoonkiisa wuxuu saldhig uga dhigey inuu u aarayo Xuseen Ibnu Cali, rc, arrinkaana uu u soo wakiishey Maxammed Ibnu Xanafiya. Dadku aad ayey u jeclaayeen, una qaddarin jireen Maxammed Ibnu Xanafiya, wuxuuna ahaa nin caalim ah oo aragti dheer. Farriintaa been-abuurka ah dad badan ayaa ku dagmey oo raacey. Sidoo kale, waxaa garab siiyey dadkii colaadda u qabey reer Banii Umaya.

---
18 Qaalib Bin Cali Cawaajiyi (2001).

Kacdoonkiisa waxaa sii xoogeeyey tabardarradii ku timid dawladdii Banii Ummaya markii uu dhintey Yasiid Ibnu Macaawiye.[19]

Waxay aaminsan yihiin fikradda la yiraahdo (عقيدة البداء) oo macneheedu yahay in ALLAAH ay ku soo baxaan waxyaabo aanu horey u ogeyn, kaddibna uu go'aankii beddelo oo uu wax kale amro. Ereygan qofkii ugu horreeyey ee la yimid wuxuu ahaa Mukhtaar, waayo wuxuu sheegan jirey cilmiga waxa dhacaya, arrinkaasna, sida uu ku andacoodey,wuxuu ku ogaan jirey waxyi loo waxyoodo, ama farriin uga timaadda dhanka imaamka. Marka uu taageerayaashiisa u ballanqaado arrin dhicitaankeeda, haddii ay u dhacdo sidii uu u sheegey, wuxuu daliil uga dhigan jirey sheegashadiisa, haddii aaney u dhicinna, wuxuu oran jirey, "Sidaas ayey Rabbigiin la noqotey." [20]

Saddexdaa Kooxood ee Saba'iya, Kaysaaniya iyo Mukhtaariya wax jiritaan ah oo la sheego xilligan dunida kuma lahan, jiritaankooduna wuxuu ku ekaa qarnigii ugu horreeyey ee Hijriga.

Saydiya

Sidii aan soo xusneyba, kooxda Imaamiya waxay qabtaa in dhaxalka madaxtinnimada ay bah Faadumo, rc leeyihiin. Markii Cali, rc dhintey Xasan Bin Cali, rc ayaa dhaxalka iska leh, Xasan kaddibna waxey ku wareegtey Xuseen Bin Cali rc. Markii Xuseen la diley inay ku wareegtey wiilkiisii Cali Bin Xuseen oo ku magac-dheeraa Saynul-caabidiin ayey qabaan. Saynul-caabidiin markii uu dhintey ayey labo u kala jabeen, waxayna isku khilaafeen cidda wiilashii uu ka tagey madaxtinnimada ka dhaxleysa. Qolo waxay tiri waxaa ka dhaxley Sayd Bin Saynul-caabidiin, waana qolada la baxdey

---

19 Abuu Zuhrata, Maxammed (nd).
20 Ash-shahrastaani, Maxammed Bin Cabdulkariim. (1992).

QAYBTA KOOWAAD:
Taariikhda Shiicada

Saydiya. Qaybtii kalena waxay imaamnimada dhaxal u siiyeen Maxammed Al-baaqir.[21]

Xilligii Hishaam Bin Cabdimalik ayuu Zayd wuxuu aadey Dimishiq si uu u arko Hishaam, isagoo ka sheeganaya waalligii Madiina oo si aan habbooneyn ula dhaqmey. Markii hore waa loo diidey, waayo wuxuu ka gows-haystey arrin loo geeyey oo aheyd in Zayd xukunka ku haysto, markii dambase waa loo oggolaadey markii Zayd warqad u qorey Hishaam. Dood ayaa dhexmartey, Hishaamna si aan fiicneyn ayuu ula hadley. Sayd hooyadi dadkii addoommada ahaa ayey ahayd, markaas ayaa Hishaam ku yiri, "adigoo hooyadaa addoon tahay miyaad xukun haweysaneysaa!" Markaas ayuu Sayd ugu jawaabey, "nin rag ah hooyadi wuxuu mudnaa kama reebto, miyaadan ogeyn in nabi Ismaaciil, cs hooyadi ay addoon u aheyd walaalki Isxaaq hooyadi. Arrinkaasu kama hor istaagin in nabi laga dhigo." Hadalkii ayaa ka xumaadey, wuxuuna Sayd yiri, "waan tageyaa waxaad dhibsato maahane waxaad ku faraxdo iga maqli maysid," wuuna ka tagey. Markii uu Kuufa ku noqdey ayuu kacdoon hubeysan bilaabey, dagaal adag ayaana dhexmarey, dagaalkaasuna wuxuu ku dhammaadey in ciidankii Sayd laga itaal roonaado, Saydna halkaa sixun loogu diley, waana la daldaley.[22]

Kooxdani waa kooxda qaybaha Shiicada ugu dhow sunnada, uguna dhexdhexaadsan. Waxay oggol yihiin khilaafadii Abuu Bakar, Cumar iyo Cusmaan rc, laakiin waxay aaminsan yihiin in Cali, rc dhammaantood ka fadli badan yahay, saxaabaduna ay ku gafeen inay imaamnimada ka leexiyaan Cali, rc. Sayd markii la diley, waxay caleemasaareen wiil Sayd dhalay oo la oran jirey Yaxye. Yaxye isna waa la diley, waxaana uga dambeeyey labo wiil oo uu dhalay, lana kala

---

21 Axmed Alqaamidiyi (2010).
22 Qaalib Bin Cali Cawaajiyi (2001).

oran jirey Maxammed iyo Ibraahiin, iyaga qudhoodana, sida qoladii horeba, gacanta reer Banii Umaya ayey ku baxeen.[23]

Saydiyadu waxay ku khilaafsan yihiin dhiggooda Raafidada arrinka imaamnimada. Waxay qabaan in imaamnimadu doorasho tahay ee aanay dhaxal aheyn. Sidoo kale ma qabaan aragtida "Taqiya" oo ay ka wadaan in waxaad qabtid aad qarsatid. Waxa kale oo ay ku diiddan yihiin in imaamku macsuum yahay. Qof laga fadli badan yahay inuu madax u noqon karo mid ka darajo sarreeya ayey qabaan, arrinkaas oo muujinaya inay qirsan yihiin madaxtinnimadii Abuu Bakar, Cumar Iyo Cuthmaan, rc. Dhanka mad-habka, Zayd wuxuu arday u noqdey Waasil Bin Cadaa', asaasihii mad-habka Muctasilada. Sidaas darteed ayaa lagu tilmaamaa in Saydiyadu, dhanka usuusha ay Muctasilo yihiin. [24]

Xilliyadii dambe mad-habkii Saydigu wuu tabar-darreeyey, arrinkaas oo keenay in mad-habkoodii ay soo dhexgasho caqiidadii qaybaha kale ee Shiicada. Waxay diideen imaamnimadii Abuu Bakar iyo Cumar, rc, aragtidaasuna waa middii Raafidada. Sidaa awgeed, waxaa loo qaybiyaa labo qaybood; Saydiyadii hore, kuwaas oo qirsanaa imaamnida labada Shiikh (Abuubakar iyo Cumar), iyo kuwoodii dambe oo diidey, waxaana lagu tiriyaa Raafidada. Mad-habka Saydiyada wuxuu ku dambeeyaa Yaman, waana kooxda ugu dhow mad-habkii ay haysteen Saydiyadii hore.[25]

Mad-habka Zaydiyadu wuxuu ku fidey Yaman qarnigii saddexaad ee hijriga markii Imaam Yaxya Bin Xuseen uu ka aasaasey xer, wuxuuna beri jirey mad-habkii Zayd iyo fiqiga Xanafiga. Wuxuu saldhig ka dhigtey magaalada Sacda, halkaas oo ay ka dhisantey dawlad Zaydiyadu leeyihiin oo muddo dheer jirtey, soona gaartey qarnigii la soo dhaafey.

---

23 Abuu Xaamid, maxammed Al-Maqdisiyi (2008).
24 Maxammuud Ismaaciil (1995).
25 Abuu Zuhrata, Maxammed (nd).

QAYBTA KOOWAAD:
Taariikhda Shiicada

Ilaa xilligan, Zaydiyadu waxay ku badan yihiin dhanka waqooyi ee Yaman, waxaana lagu qiyaasaa inay tiradoodu gaareyso 30 ilaa 35 boqolkiiba dadweynaha Yaman.[26]

Raafida

Sidii aan soo xusney, Saynulcaabidiin markii uu dhintey Shiicadu wey kala jabtey, waxayna u kala baxdey labo qaybood; Saydiya oo ku tagtey in Sayd uu dhaxalka madaxtinnimada leeyahay iyo koox kale oo qabta in Maxammed Baaqir uu leeyahay. Qaybtii qaadatey in Maxammed Baaqir xukunka leeyahay waxay iyana u sii kala jabeen labo qaybood oo kala ah Raafida[27] (Jacfariya, Ithnaa Cashariya, Imaamiya) iyo Ismaaciiliya. Waxay kala jabeen markii uu dhintey Imaamka Lixaad Jacfar As-Saadiq ee ka mid ah Labo iyo Tobanka Imaam ee ay rumeysan yihiin.

Ereyga (الرافضة) waa erey carabi ah, macnihiisuna yahay diidmo. Magacaa cidda u bixisey waxaa lagu sheegaa inuu ahaa Sayd Ibnu Cali. Xilligii uu dagaalka la galey dawladdii reer Banii Umaya ayey Sayd u tageen iyagoo doonaya inay garab istaagaan. Wuxuu maqley iyagoo labadii shiikh, Abuu Bakar iyo Cumar, rc caayaya, kaddibna wuu ku diidey, wuuna ammaaney, wuxuuna qirey fadligii ay lahaayeen. Hadalkaa markii ay maqleen ayey ka dareereen, markaas ayuu Sayd ku yiri, "رفضتموني" "Waad i diiddeen." Halkaas ayaa magacu uga baxey. Waxa kale oo lagu sheegaa in magacu ugu baxey markii ay diideen khilaafadii Abuu Bakar, Cumar iyo Cusmaan rc. Waxay la gaar noqdeen oo ay kaga duwan yihiin kooxaha kale ee u nasab sheegta Islaamka, caayidda iyo lacnadidda labadii Amiirul Muuminiin ee Abuu bakar iyo Cumar, rc.[28]

---

26 Usaama Shaxaata & Haytham Al-Kiswaaniyi (2008).
27 Raafido waxaa loo yaqaanney wixii aan Saydiyo aheyn, laakiin waxaa hadda si gaar ah loogu yeeraa Ithnaa Cashariyada.
28 Cali M. As-salaabi (2008).

Waxay leeyihiin magacyo kale oo loo yaqaan. Waxaa loogu yeeraa Imaamiya, sababtoo ah imaamada waxay ka dhigeen rukni arkaanta islaamka ka mid ah. Sidoo kale, Ithnaa Cashariya ayaa loogu yeeraa, sababtoo ah waxay rumeysan yihiin Labo iyo Toban Imaam oo madaxtinnimada kala dhaxley. Waxaa ugu horreeya Imaamyada ay rumeysan yihiin Cali Ibnu Abii Daalib rc, waxaana ugu dambeeya Maxammed Bin Xasan Al-mahdiyi. Waxa kale oo loogu yeeraa Jacfariya, waxayna u nasab sheegtaan Jacfar As-Saadiq oo ah Imaamka Lixaad, sida ay qabaan.[29]

Aragtida Labo iyo Tobanka imaam waxay soo shaac baxdey dhimashadii Xasan Al-caskari sannadka hijrigu markii uu ahaa 260, oo ay ku sheegaan inuu yahay iimaamka kow iyo tobnaad. Qaar ka mid ah culimada shiicada ayaa ku dooda in magacaabidda labo iyo tobanka imaam ay bilaabantey 255H oo ku beegan xilliga ay sheegaan inuu dhashay imaamka labo iyo tobnaad oo uu dhalay Xasan Al-caskari. Waa imaamka ay ilaa hadda rumeysan yihiin inuu nool yahay, oo ay sugayaan soo bixiddiisa. Magacyada imaamyada ay rumeysan yihiin iyo sida ay u kala horreeyaan waa sidan soo socota:

1. Amiirul Muuminiin Cali Ibnu Abii Daalib rc
2. Xasan Bin Cali Bin Abii Daalib rc
3. Xuseen Bin Cali Bin Abdii Daalib rc
4. Cali Bin Xuseen Bin Cali
5. Maxammed Al-Baaqir
6. Jacfar As-Saadiq
7. Muuse Al-Kaadim
8. Cali Ar-Ridaa
9. Maxammed Al-Jawaad
10. Cali Al-Haadi
11. Xasan Al-Caskari
12. Maxammed Bin Xasan Al-Mahdiyi

---

29 Qaalib Bin Cali Cawaajiyi (2001).

Ithnaa Cashariyadu waxay u kala baxdey kooxo badan, waxaana ka mid ah Usuuliya (أصولية), Akhbaariya (أخبارية), Shaykhiya (شيخية), Kashfiya (كشفية), Rukniya (ركنية), Kariimakhaaniya (كريمخانية), Qasalbaashiya (قزلباشية) iyo qaar kale oo ay culimada qaar ku daraan. Dhammaantood waxay soo hoos gelayaan Ithnaa Cashariyada, qaybo ka mid ahina wey isgaaleysiiyaan.[30]

Ithnaa Cashariyada, ama Jacfariyadu waa kooxda ugu ballaaran shiicada xilligan jirta, waxayna xilliyadii dambe xoogga saareen, wax badanna uga guuleysteen inay caqiidadooda ku faafiyaan dunida. Qaybaha ugu ballaaran waxay deggen yihiin Iiraan, Ciraaq iyo Bakistaan, waxa kale oo ay ku faafsan yihiin Lubnaan, Siiriya iyo qaybo kale oo ka mid ah dunida Muslimka.[31]

Nuseyriya (Calawiya)

Kooxdani waxay ku abtirsataa nin la yiraahdo Maxammed Bin Nuseyr Al-Numeyri oo ku magac-dheeraa Abuu Shuceyb. Asalkiisu waa Faarisi, wuxuuna ka mid ahaa shiicada Ithnaa Cashariyada loo yaqaan, wuxuuna ka go'ay markii isaga iyo culimadoodii kale ay is-qabteen. Xilligii dawladdii Cusmaaniyiinta waxaa loogu yeeri jirey (العلي الهية) kuwii Cali Ilaaha ka dhigtey. Markii isticmaarka Faransiisku qabsadey Siiriya ayaa wuxuu u bixiyey Calawiyiin.[32]

Maxammed Bin Nuseyr wuxuu noolaa qarnigii Saddexaad ee Hijriga, wuxuuna joogey xilliga ay ku sheegaan inuu dhuuntey imaamkoodii ugu dambeeyey Maxammed Bin Xasan Al-mahdiyi oo ay rumeysan yihiin inuu yahay mahdigii la sugayey. Wuxuu sheegtay inuu dhaxley cilmigii imaamka, isaguna yahay wakiilkiisa, ama albaabkii loo marayey, ciddii

---

30 Al-Qifaariyi, Naasir Bin Cabdullaahi, (1994).
31 Abuu Zuhrata, Maxammed (nd).
32 Safar Al-xawaaliyi (2009).

rabtana ay isaga u soo marto. Waa halka ay ka bilaabantey aragtida loo yaqaan Caqiidatu Al-baab (عقيدة الباب).

Waxay ka mid yihiin Shiicada xag-jirka ah, waxayna rumeysan yihiin caqiidooyin aad u fog, wax badanna waxay ku raaceen firqada Baadiniyada. Sidoo kale, waxay ka mid yihiin qaybaha Shiicada ee ugu qarinta badan waxay aaminsan yihiin, ciddii faafisana agtooda dil ayuu ku xukuman yahay. Waxay u kala baxaan dhowr qaybood, qayb walbana waxay gaar la tahay quraafaat iyo waxyaabo la yaab leh.[33]

Tirada ugu badan Nuseyriyada waxay deggen yihiin Siiriya, waana kooxda uu ku abtirsado Xaafis Al-asad. Sidoo kale, waxay tiro badani ka deggen tahay Lubnaan, Turkiga, meelo kalena wey ku firirsan yihiin sida Iiraan, Ciraaq iyo Falastiin.[34]

Ismaaciiliya (Baadiniya)

Ismaaciilayadu waa koox ka mid qaybaha shiicada, waana midda ugu xun, uguna cadaawad fog marka la eego naceybka ay u hayaan muslimiinta iyo xumaanta caqiidada ay aaminsan yihiin. Waxay soo bexeen qarnigii saddexaad ee hijriga. Waxaan soo xusney in qaybtii Shiicada ee qaadatey in Maxammed baaqir uu xukunka leeyahay ay u sii kala jabeen labo qaybood oo kala ah Raafida (Jacfariya, Ithnaa Cashariya, Imaamiya) iyo Ismaaciiliya.

Ismaaciiliyadu waxay ku abtirsadaan Ismaaciil Bin Jacfar oo yaraan ku geeriyoodey. Diinlaawe yuhuud ah oo la oran jirey Maymuun Al-Qaddaax ayaa sheegey inaanu dhiman Ismaaciil ee uu dhuuntey, isaguna uu Imaamka saxda ah

---

33 Mamduux Alxarbiyi (2011).
34 Qaalib Bin Cali Cawaajiyi (2001).

QAYBTA KOOWAAD:
Taariikhda Shiicada

yahay. Kaddib wuxuu sheegey in Ismaaciil uu dhalay wiil la yiraahdo Maxammed, madaxtinnimadana ka dhaxley.[35]

Ismaaciiliyada waxaa aasaasey koox isugu jirta mulxidiin, Yuhuud iyo majuusiyiin (Dab-caabude). Markii ay arkeen inaaney awood ciidan uga hortagi karin faafidda Islaamka, ayaa waxay bilaabeen inay dejiyaan qorshe kale oo ay Islaamka kula dagaallamaan. Waxay goosteen inay islaannimo muujistaan iyo jaceyl ay jecel yihiin qaraabada Nabiga, NNKA, taageerayaalna u yihiin. Sidoo kale, inay diintu leedahay daahir iyo baadin, daahirku uu yahay qolofka kore, baadinkuna dhuuxii hoose. Sidaa darteed, waa in qofka caaqilka ahi uu qaato dhuuxa. Ereyadan iyo kuwo la mid ah waa tabta ay isticmaasho firqa kasta oo lunsan si ay aragtidooda qalloocan gabbaad ugu helaan, marka arrin lagu qabsadana ay ku sheegaan inay iyagu baadinka shayga og yihiin.

Madaxdoodii ugu cadcaddaa ee soo marey waxaa ka mid ahaa wiil uu dhalay Maymuun oo la oran jirey C/laahi, Xamdaan Qarmad, Zakraweyhi Bin Mahraweyhi, Abuu Saciid Al-Janaabi iyo wiil uu dhalay oo la oran jirey Abuu Daahir.[36]

Culimada qaar ayaa qabta, waana sida xaqiiqada u dhow, in mad-habka Ismaaciiliyada asaaskiisa uu lahaa nin la oran jirey Maxammed Bin Abii Saynab Abuu Khaddaab Al-Asadi. Waxa kale oo loo yaqaanney Maxammed Bin Miqlaas. Wuxuu noolaa xilligii Jacfar As-Saadiq, imaamkoodii Lixaad. Wuxuu ahaa nin xadgudub badan oo sindiiq ah, wuxuuna faafiyey in Jacfar As-Saadiq uu nabi yahay, kaddibna wuxuu gaarsiiyey ilaahnimo. Markii dambe isagii ayaa ilaahnimo sheegtay, shareecada oo dhanna wuu ka tallaabsadey.[37]

---

35 Safar Al-xawaaliyi (2009).
36 Qaalib Bin Cali Cawaajiyi (2001).
37 Cabdulqaadir Cadaa Suufiyi (2005).

Ixsaan (1987) wuxuu sheegay in Maymuun Al-Qadaax uu ka mid ahaa ardaydii Abuu Khaddaab, caqiidadiisana fidiyey. Sidaa darteed, aasaaska mad-habka waxaa lahaa Abuu Khaddaab, Maymuunna wuxuu ahaa ardaygii ka xambaarey ee faafiyey. Ismaaciiliyadu waxay u sii kala baxdey kooxo dhowr ah, waxaana ugu caansan Qaraamida, Cubeydiyiin (Faadimiyiin), Aaga-khaaniya (Xashaashiyiin ama Nazaariya), Buhara (Mustacliya) iyo Duruus. Ismaaciiliyada xilligan joogta waa lix kooxood, markii la soo koobona waxay noqonayaan ilaa Afar qaybood, sababtoo ah qaarkood ayaa sii kala farcamaya, ama leh labo magac oo midna xilligii hore loo yaqaanney, magacna gadaal kala baxey. Qaybahaas waxaa ka mid ah oo ugu caansan: Aagakhaaniya (An-Nazaariya/ Xashaashiyiin), Buhara (Mustacliya) iyo Ad-Duruus.[38]

Qaraamida

Xamdaan Qarmad waa ninka ay ku abtirsato firqada Qaraamida, waxaana uga dambeeyey Abuu Saciid Al-Janaabi, isuguna wuxuu u dhiibey wiilkiisii Abuu Daahir. Xilligaa ay madaxtinnimada isaga dambeeyeen Abuu Saciid iyo wiilkiisa Abuu Daahir, waxay yeesheen dawlad xoog leh, waxayna sameeyeen waxyaabo aad u foolxun. Sida Ibnu Kathiir ku sheegey Al-Bidaaya Wan-Nihaayah, Qaraamidadu waxay ahaayeen duul diinlaaweyaal, mulxidiina ah, waxayna ka soo jeedeen falaasifadii reer Faasir, waxayna rumeysnaayeen nabinnimada Zaraadashat iyo Maztak (زرادشت ومزدك). Waxay banneyn jireen waxyaabaha xaaraanta ah.

Xilligii uu Abuu Daahir Qaraamidada madaxda ka ahaa, waxay ku soo beegantey xilli ay tabar-yareysey dawladdii Cabbaasiyiintu. Iyagoo tabardarridaa ka faa'iideysanaya ayey dadkii muslimiinta ahaa waxay gaarsiiyeen dhib aad u

---

38 Ixsaan I. Dahiir (1987).

ballaaran, waxayna la soo bexeen caqiidadoodii xumeyd iyo cadaawaddii ay muslimiinta u qabeen.[39]

Dhacdooyinka xanuunka leh ee ay sameeyeen waxaa ka mid ahaa, sannadkii 311H ayey qabsadeen magaalada Basra, waxayna xasuuqeen dad aad u tiro badan, dumarkii iyo carruurtiina wey qafaasheen iyagoo aaminsan inay addoommo u yihiin. Sidoo kale, waxay jidka u galeen dad xajka u socdey oo maraya dhul lama-degaan ah. Waxay ka dhigeen wax ay laayeen iyo kuwo ay sahaydii ka qaateen, kaddibna ay oon iyo gaajo ugu le'deen dhulkii bah-gooyada ahaa. Sannadkii 313H ayey mar kale Kuufa qabsadeen, waxayna haysteen Lix beri oo ay wax walba xalaashadeen, dad badanna ku xasuuqeen.

Sannadka Hijrigu markii uu ahaa 317 ayey weerar ku qaadeen Xaramka xilli xaj ah oo xujeydii isku diyaarinayaan maalintii Siddeedaad inay Muna u dareeraan. Xujeydii wey laayeen, xoolahoodiina wey dheceen, wuxuuna hoggaamiyahoodii, Abuu Daahir, amar ku bixiyey in meydkooda lagu guro ceelka Samsamka. Kaddib, intuu Kacbada soo hor istaagey, ayuu amrey in dedka laga rogo, wuxuuna seeftii uu watey la dhacey kacbada, ilaa haddana dhaawicii Dhagaxa Madow gaarey wuu ka muuqdaa. Diinlaawahaasu wuxuu ku dhawaaqey kalmado uu Ilaahnimo ku sheeganayo, oo uu leeyahay inuu isagu Alle yahay, dadkana abuurey, uuna baabi'in doono. Xumaantaa markii ay faleen ayey Xajarul Aswadkii qaateen, waxayna la maqnaayeen muddo labaatameeyo sano ah.

Muddo dheer ayey Qaraamidadu sii jireen, dhul badanna way fasahaadiyeen, ugu dambeynna waxay baaba'een sannadka Hijrigu markii uu ahaa 467.[40]

---

39 Ibnu Kathiir, Ismaaciil Bin Cumar. (2010).
40 Qaalib Bin Cali Cawaajiyi (2001).

Cubeydiyiin (Faadimiyiin)

Sidii aan soo sheegnay Maymuun Al-Qaddaax wuxuu ahaa aasaasihii Ismaaciiliyada. Markii uu dhintay taladii waxaa kala wareegey wiil uu dhalay oo la oran jirey C/llaahi. Markii uu isaguna dhintay waxaa taladii iska dhaxlay faraciisii ilaa ay ka gaartey nin la oran Siciid, laguna naynaasi jirey Cubeydullaah Al-mahdi, waana ninka ay ku abtirsato dawladdii Cubeydiyiinta, ama Faadimiyiinta. Waxay sheegan jireen inay ka soo jeedaan warasadii Faadumo Bintu Rasuul rc, xaqiiq ahaanna waxay ka soo jeedeen nin asalkiisu Yuhuud ahaa. Muddo ayey Waqooyiga Afrika ilaa Masar ka talinayeen ilaa uu dawladdoodii ridey Salaaxuddiin Al-Ayuubi sannadkii 567 H.

Dawladdii Cubeydiyiintu waxay ku dhisneyd dhaxal ay xukunka kala dhaxlaan. Wax khilaaf ahi kama dhex dhicin ilaa uu ka dhintey imaamkoodii la oran jirey Almustansir Billaah sannadkii Hijriga 487. Markii Almustansir dhintey waxay u kala jabeen labo qaybood. Qayb waxay ku tagtey in imaamnimadu u wareegtey wiilashii uu dhalay kii ugu yaraa oo la oran jirey AlMustaclaa, waana qaybta la baxdey Buhara. Qaybta kale waxay qaadatey in imaamnimada uu iska leeyahay Nazaar Almustansir oo curadkii ahaa, waana kooxda loo yaqaan Aagakhaan. Khilaafkaasu wuxuu keeney in dagaal dhexmaro labada qaybood, wuxuuna sababey in la dilo Nazaar Almustansir.[41]

Buharadu waxay xilligan ku nool yihiin Hindiya, Bakistaan, Afrikada Bari iyo Yaman. Ereyga "Buhara" waa erey Hindi ah, macnihiisuna yahay "Taajka". Buharadu waxay u badan yihiin dhanka ganacsiga, waxayna ku milmeen Hindidii soo islaamtey. Waxay u kala baxdey labo qaybood oo kala ah Daa'uudiya iyo Suleymaaniya. Daa'uudiyada oo ah qaybta

---

41 Axmed M. Jali (1988).

ugu badan waxay deggen yihiin Hindiya iyo Bakistaan, Suleymaaniyaduna Yaman.⁴²

Nazaariyadu waxay dawlad ka aasaaseen Iiraan iyo Shaam ilaa ay ku fideen Asarbajaan iyo Hindiya, waxaana hormuud ka ahaa aasaaska dawladdaa nin la oran jirey Xasan As-Sabaax. Waxaa dawladdooda lagu magacaabi jirey magacyo kala duwan, waxaana ka mid ahaa Xashaashiin. Waxay deegaankaa ka abuureen qas iyo wareer, waxaana abuurmey koox ay ku magacaabeen "naftood-hurayaal" oo caan ku ahaa dilalka qarsoon. Waxay beegsan jireen dadka ka soo horjeeda caqiido ahaan iyo siyaasad ahaanba. Dad badan oo bulshada magac ku lahaa ayey dileen, waxayna isku dayeen inay dilaan Salaaxuddiin Al-ayuubi. Tataarkii ayaa qabsadey dhulkii ay ka talin jireen, waxayna dileen imaamkoodii ugu dambeeyey ee la oran jirey Ruknudiinn Khoorshaah (ركن الدين خورشاه)sannadka Hijrigu markii uu ahaa 654.

Xilligii uu imaamka u ahaa Aagakhaankii koowaad, sannadkii Hijriga 1233, ayey xiriir adag la yeesheen gumeysigii Ingiriiska. Aad ayuu Ingiriisku u soo dhoweystey, waxayna u noqdeen jidkii loo mari lahaa qabsashada Hindiya. Waxay u arkayeen qabsashada Ingiriisku Hindiya qabsadey inay tahay nimco iyo kheyr lala maagey, waxayna ka soo horjeesteen kooxihii gobannimo-doonka ahaa.

Waxay fursad u heleen inay faafiyaan caqiidadoodii, waxayna gaarsiiyeen qaybo ka mid dhulalkii Ingiriisku qabsadey sida Barma, Sirilaanka, Kenya, Tansaaniya, Yugaandha iyo meelo kale. Xilliyadan dambe waxay dhaqdhaqaaq ka wadaan, xarumona ku yeesheen waddammada Galbeedka iyo qaybo ka mid ah Carabta.⁴³

---

42 Mamduux Al-xarbiyi. (1426H).
43 Maxammed Al-Khadiib (1986).

Duruus

Duruustu waa firqo ka mid ah Ismaaciiliyada, waxayna ka go'dey xilligii uu dawladdii Cubeydiyiinta maamulayey Alxaakim Bi-Amrillaah. Wuxuu xukunka qabtey isagoo aad u da'yar, wuxuuna lahaa dhaqammo iyo dabeecado qallafsan, nin laayaan ah oo aad u gacan kululna wuu ahaa. Waxaa la diley sannadka Hijrigu markii uu ahaa 411, waxaana dilkiisa ka dambeeyey qoyskii uu ka dhashey markii ay ka baqeen inuu fashiliyo boqortooyadooda.

Dhaqammada la yaabka leh ee lagu xusuusto waxaa ka mid ahaa inuu arrin amar ku bixin jirey, muddo kaddibna uu amarkaa ka soo horjeedkiisa soo rogi jirey. Wuxuu dadka farey inay u sujuudaan mar kasta oo uu soo agmaro, dumarkana muddo ayuu ka mamnuucey inay baxaan, har iyo habeenba. Mar ayuu mamnuucey salaadda taraawiixda, marna wuxuu amar ku soo rogey in la laayo eyda, geedka canabka la jaro, mirihiisana aan la iibin karin. Wuxuu caan ku ahaa dulmiga, dilka iyo jirdil midba kan kale ka daran yahay. Sidoo kale, wuxuu amar ku bixiyey in darbiyada masaajidda lagu qoro ceyda Abuu Bakar, Cumar, Cusmaan iyo saxaabada kale.[44]

Afkaartaa qalloocan ee uu lahaa Alxaakim Bi-Amrillaah waxay sababtey inay ka faa'iideystaan kooxo diinlaawayaal ah oo faarisyiin iyo dab-caabud isugu jira. Markii ay arkeen maangaabnimadiisa ayey goosteen inay la-taliyeyaal u noqdaan, kaddibna wixii ay rabaan ka fushadaan. Waxay gaarsiiyeen inay ka dhaadhiciyaan inuu Ilaahnimo sheegto, raggaasna waxaa ka mid ahaa Xamza Bin Cali Az-Zawzani, Maxmmed Bin Ismaaciil loona yaqaanney Nashtakiin Ad-Darsiyi-oo ah ninka loogu magacdarey oo uu ka soo jeedo magaca Duruus- iyo Xasan Al-Xaydara Al-Farqaani.

---

44 Axmed M. Jali (1988).

QAYBTA KOOWAAD:
Taariikhda Shiicada

Aragtidaa gurracan markii ay ka dhaadhiciyeen iyo inuu Ilaah yahay, ayey bilaabeen inay dadka ku faafiyaan ilaahnimada Al-Xaakim Bi-Amrillaah.[45]

ೞ❖ೞ

---

45 Ixsaan I. Dahiir (1995).

Qaybta Labaad:

CAQIIDADA SHIICADA

SIDII AAN horey u soo xusney, qaybaha shiicada ee xilligan jooga ee jiritaan la sheego leh waa saddex; Zaydiya, Ithnaa Cashariya iyo Ismaaciiliya. Zaydiyadu waa kooxda ugu dhow Shareecada iyo Sunnada Nabiga, NNKA. Ithnaa Cashariyada qudheedu waxay dhaantaa kooxda Ismaaciiliyada inkastoo ay wax badan wadaagaan. Maaddaama aan xoogaa soo xusney caqiidada Zaydiyada, halkan waxaan xoogga saareynaa Ithnaa Cashariyada iyo Ismaaciiliyada. Wixii aragti ah ee ay wadaagaan, waxaan isku dayeynaa, intii aan ka gaarno inaan ku xusno qaybta caqiidada Ithnaa Cashariyada, wixii ay Ismaaciiliyada la gaar yihiinna, inaan qayb gaar ah u sameynno.

Caqiidada Ithnaa Cashariyada:

Aragtidooda Imaamnimada

Waxay aaminsan yihiin inayimaamnimadu tahay rukni Arkaanta Islaamka ka mid ah, ruuxii diidaana uu ku gaaloobayo, islaanimadiisuna aaney ansaxeyn. Waxa kale oo ay rumeysan yihiin in koonka loo uumey imaamyada dartood, haddii aaney jirinna aan la uumeen. Sidoo kale, Imaamyadu inaaney geeriyoon iyagu inaydoortaan mooyaane, waxaana imaamka meydkiisa dhiqi kara imaamka dhaxlaya.

Waxay aaminsan yihiin in Cali rc uu mudnaa nabinnimada iyo khilaafada, ruux aan Cali rc iyo awlaaddiisa aheynna aaney dawlad dhisi karin. Waxay sheegaan in Alle uu iska soo dhexmuujiyey oo uu ku dhexdarsamey Cali iyo warasadiisa, waxayna yeesheen muuqaal ilaahnimo, waana caqiidada la yiraahdo (عقيدة الحلولية), caqiidada isdhexgalka. Kuleyni oo culimadooda ka mid ah wuxuu ku sheegay kitaabkiisa Al-Kaafi in imaamyada loo waxyoodo. Rasuul, nabi iyo imam waxa u dhexeeya ayuu qeexay, wuxuuna ku sheegay in rasuulku yahay qofka Jibriil cs uu waxyiga ku soo dejiyo ee Jibriil arka, maqlana. Waxaa suurtowda inuu nabiguJibriil arko ama maqlo. Imaamku Jibriil wuu maqlaa, laakiin ma arko.⁴⁶

Waxay imaamka gaarsiiyeen darajo ilaahnimo, waxayna qabaan inuu imaamku yahay rabbigii dhulka joogey, Aakhiro iyo Adduunkana uu ku leeyahay tasaruf, qofkuu doonana uu siiyo, kuu doonana uu u diido. Sidoo kale, inuu imaamku ogyahay waxa soo socda, wax ka qarsoonina aaney jirin.⁴⁷

Waxay rumeysan yihiin inaan Quraanka keligi la xujeysan karin in imaamku waafaqo mooyaane, imaamyaduna yihiin keydkii cilmiga Eebbe. Sidoo kale, in nabigu NNKA uu dhintey isagoon diinta dhammeystirin, laakiin uu uga tagey inuu Cali rc dhammeystiro, Calina uu uga tagey imaamyada, ilaa laga soo gaaro imaamkii la waayey. Sidaa darteed, imaamka hadalkiisu wuxuu nasakhi karaa, ama khasisi karaa Quraanka, dhibna kuma jiro hadalka imaamka haddii aad Alle u tiiriso.

---

46   Qaalib Bin Cali Cawaajiyi (2001).
47   Mamduux Al-xarbiyi. (1426H).

QAYBTA LABAAD:
Caqiidada Shiicada

Agtooda imaamyadu waa macsuumiin aan dambi ka dhicin oo laga ilaaliyey, sidoo kalena ismoodsiis iyo hilmaan aanu ka suurtoobin. In imaamka laga dhigo ruux macsuum ah waxay keeneysaa in hadalkiisuna noqdo waxyi, waajibna ay noqoto in la raaco, lagana fogeeyo dhimmanaantii basharka lagu yaqaanney.

Maaddaama imaamnimadu ay agtooda rukni tahay, waxay ka aaminsan yihiin qofkii diida imaamnimada Cali rc inuu la mid yahay qof diidey nabiyada oo dhan. Ruuxii imaamnimada Cali rc rumeeya, laakiin diida imaamyadii ka dambeeyey wuxuu ula mid yahay qof rumeeyey nabiyada oo dhan, laakiin diidey nabi Muxammed NNKA.[48]

Imaamkoodii Aayatullaahi Al-Khumeyni wuxuu ku sheegay kitaabkiisa Al-Arbacuun Xadiithan inaanu iimaanku sugnaaneyn in imaamnimada Cali iyo kuwii ka dambeeyeyee loo dardaarmey, gefkana laga dhawrey la aqbalo mooyaane. Iskaba daaye, rumeynta Alle iyo Rasuulkiisa NNKA lama aqbalayo iyadoon imaamnimada la rumeyn. Imaamyadu agtooda waxay ka joogaan boos aanu nabi iyo rasuul toona gaarin, waxay amraan iyo waxay diidaanna wuxuu la mid yahay wax Alle amrey ama diidey. Qofkii imaamka addeeca, wuxuu la mid yahay qof Alle iyo rasuulka addeecay, ruuxii diidaana wuxuu noqonayaa qof cadow u ah Alle iyo rasuulkiisa.

Sida ay imaamyadooda uga sare-mariyeen anbiyada, dadkii Alle ammaaney iyo saxaabadiina ay u colaadiyeen, ayey, sidoo kale, dhulkii Alle karaameeyeyna dhul iyagu karaameeyeen ay uga fadileen. Waxay rumeysan yihiin in Karbala ay tahay goobta dhulka ugu barako badan, ayna ka fadli badan tahay Makka Al-Mukarrama.[49]

---

48 Al-Qifaariyi, Naasir Bin Cabdullaahi, (1994).
49 Cabdullaahi Al-Muusiliyi (2002).

Aragtidooda Saxaabada

Waxay rumeysan yihiin inay saxaabadu wada gaaloobeen oo ay diintii ka bexeen markii uu Nabigu NNKA dhintey, marka laga reebo Aala Beytka iyo dhowr saxaabi oo kala ah Miqdaad Bin Aswad, Abuu Dar, Bilaal iyo Salmaan Al-Faarisi. Gaar ahaan waxay barakeystaan caayidda iyo lacnadidda Abuu Bakar iyo Cumar, rc, waxayna ku sheegaan inay diinta ka baxeen markii uu Nabigu NNKA uu dhintey. Qaar culimadooda ka mid ah waxayba gaareen inay ku doodaan in Cumar rc aanuba weligii Islaamka qaadan oo uu uurka-gaal ahaa. Sidoo kale, waxay si gaar ah u lacnadaan hooyooyinkii muuminiinta, ahaana xaasaskii Nabiga, NNKA sida Caa'isha iyo Xafsa.[50]

Waxay leeyihiin ducooyin iyo wardi gaar ah oo ay labada shiikh (Abuu Bakar iyo Cumar) ku caayaan, kuna lacnadaan. Waxay u yabooheen fadli dheeraad ah qofkii wardigaa badiya, kuna celceliya. Waxaa ka mid ah wardiga ay ku magacaabaan (دعاء صنمي قريش), ducada labadii sanam ee Qureysh. Labada sanam waxay uga jeedaan Abuu Bakar iyo Cumar. Waa wardi khaas ah oo ku saabsan lacnadidda Abuu Bakar, Cumar iyo labadoodii gabdhood, ahaana xaasaskii nabiga, NNKA, Caa'isha iyo Xafsa. Waxay sheegaan inay ka soo guuriyeen qaar imaamyadooda ka mid ah in qofkii Abuu Bakar iyo Cumar subaxdii lacnada aan dambi loo qoreyn ilaa uu ka galabeysto, kii galabtii lacnadana aan dambi loo qoreyn ilaa uu ka waaberiisto.[51]

Ixsaan (1995) wuxuu ka soo guuriyey kitaab uu qoray Khumeyni oo ah shiikha iyo hoggaamiyihii xilligan ee Shiicada, lana yiraahdo Kashful Asraar aragtida uu ka qabo Khulafada. Wuxuu yiri, "Abuu Bakar, Cumar iyo Cusmaan ma aheyn khulafadii Nabiga NNKA. Iskaba daaye, waxay

---

50 Abuu Cabdullaahi A. Alathariyi (2004).
51 Cabdulqaadir Cadaa Suufiyi (2007).

beddeleen xukunkii Alle, waxayna xalaaleeyeen wixii uu Alle xaaraantimeeyey, waxayna dulmiyeen awlaaddii Rasuulka NNKA, waxayna jaahil ka ahaayeen qawaaniinta iyo axkaamta diinta."[52]

Aragtidooda Quraanka

Waxay aaminsan yihiin inaanu kitaabka Quraanku dhammeys aheyn, in ku dhow saddex-jibbaarna ay ka maqan tahay, saxaabaduna ay ka gooyeen. Waxay rumeysan yihiin in Quraankii Malak Jibriil Nabiga NNKA ku soo dejiyey uu ka koobnaa 17000 oo aayadood. Dhammaan culimadooda waaweyn, gaar ahaan Kuleyni, waxay sheegeen in Quraanka la beddeley, wax badanna laga tagey. Waxay qabaan in Kitaab maqan oo la yiraahdo (مصحف فاطمة) (Kitaabkii Faadumo) uu gacantooda soo geli doono, kitaabkaas oo ay ku qoran yihiin labanlaab waxa hadda ku qoran kitaabka Quraanka. Arrimahaa culimadooda ka hadlay waxaa ugu caansan Dabrasi oo qorey kitaab uu ugu magac darey:

فصل الخطاب في تحريف كتاب رب الارباب

Waxay rumeysan yihiin in suurad dhan oo Quraanka ka mid aheyd ay saxaabadu kas uga tageen, suuraddaa oo lagu magacaabo (سورة الولاية).[53]

Xuseen Muusawi oo ah xeeldheere shiico ah, kana mid ahaa culimadii Najaf, wuxuu qirey inay Shiicadu qabto inay jiraan kutub badan oo Nabiga NNKA lagu soo dejiyey, loona gaar yeelay Cali Ibnu Abii Daalib. Xeel-dheerahaasu wuxuu kitaabkiisa uga hadlayaa sida culimada Shiicadu ay u marin-habaabiyeen dadkii muslimiinta ahaa, diintoodiina ay u qarribantey.

---

52   Ixsaan I. Dahiir (1995).
53   Ixsaan I. Dahiir (1983).

Wuxuu soo qaatay magacyada kutubtaa ay sheegeen, siday ay ku warrameenna mid ka mid ah aan la heyn. Waxaa magacyadaa ka mid ah:

الجامقة- صحيفة الناموس- صحيفة العبيطة- صحيفة عليّ- الجفر - مصحف فاطمة

Markii uu taxey magacyada kutubtaa iyo kuwo kale, mid walbana uu sheegay waxyaabaha ay sheegaan inay ku qoran yihiin, ayuu yiri, "Arrinta ugu yaabka badani waxaa weeye in kutubtaas oo dhan uu Alle soo dejiyey, gaarna uga dhigay Amiirul Muuminiin (Cali rc) iyo imaamyadii ka dambeeyey, laakiin ilaa hadda ay ummadda ka qarsoon yihiin, gaar ahaan taageerayaashii Aala Beytka (Shiicada). Waxaa looga tagey Quraan aan macne saasa laheyn oo la beddeley, lana siyaadiyey- sida ay sheegaan culimadeennu. Haddii kutubtaasi yihiin kuwo dhab ahaan Alle soo dejiyey, Amiirul Muuminiinna uu gacanta ku hayey, maxaa dan ah oo ku jirta in ummadda laga qariyo, iyagoo ku sugan xaaladdii ay ugu baahi badnaayeen xagga nolosha iyo cibaadada Rabbigood."

Isagoo hadalka sii wata ayaa wuxuu ku daray, "Waxaan ogsoonnahay in Islaamku hal kutub leeyahay waana Quraanka Barakeysan. Kala tagsanaanta kutubta waa dhaqankii Yuhuudda iyo Kiristanka sida ku cad kutubtooda kala duwan ee ay qaddariyaan. Hadalka ah in Amiirul Muuminiin kutubtaa loo gaar yeelay, kutubtaasina Alle soo dejiyey, yihiinna kutub koobey arrimaha sharciga waa hadal been-abuur ah. Waxaa noo dhexgeliyey qaar Yuhuud ah, kuwaas oo isku qarinayey shiicannimo."[54]

Waxa kale oo ay Raafidadu Qur'aanka ka rumeysan tahay inuu leeyahay macne qarsoon iyo mid muuqda. Hal aayad ayaa waxay leedahay macne qarsoon oo khilaafsan midka

---

[54] Xuseen Muusawi (2007).

QAYBTA LABAAD:
Caqiidada Shiicada

muuqda, mararka qaarna ay suurtowdo in aayaddaasu ay yeelato ilaa toddobaatameeyo macne oo qarsoon, sida qaarkood ay sheegaan. Hal aayad ayaa qaybteeda hore macne yeelan karaa, gadaasheeduna macne kale yeelan karaa. Arrintaasu waxay sababtey in Quraanka macnihii la doono lagu macneyn karo, laguna tilmaamo inuu yahay macne qarsoon.[55]

Ixsaan (1995) wuxuu ka soo guuriyey kitaab uu qorey Aayatullaahi Khumeyni oo la yiraahdo Kashfu Asraar, waxa uu ka qabo Quraanka. Wuxuu isweydiiyey sababta Quraanka loogu sheegi waayey imaamnimada Cali rc. Wuxuu ku doodayaa inaan Islaamka balaayo uga horreyn doorashadii Abuu Bakar, ujeeddada ay islaannimada u soo galeen, isaga iyo ciddii taageertayba, ay aheyd madaxnimo iyo dano adduunyo. Sidaa darteed, inaaney wax lala yaabo aheyn in qoladaa ay islaannimadu sheegashada ka aheyd, dantooduna ay adduunyo iyo madaxtinnimo doon ay ka aheyd iney gooyaan aayadaha imaamnimada sheegaya, kitaabka Allena ay beddelaan.

Isagoo sii wada ayuu yiri, "Ruuxna uma habboona inuu ku doodo in haddii imaamnimada Quraanka lagu sheegey aaney ka suurtowdeen in labada shiikh (Abuu Bakar iyo Cumar) ay ka horyimaadaan. Haddii ay ka horimaan lahaayeen muslimiintu kama yeeleen oo way ka hortagi lahaayeen. Waxaan leennahay, hadalkaasi mid suubban ma ahan. Waxaan ognahay inay si cad oo aan qarsoodi laheyn ay uga horyimaadeen Quraan cad, dadkiina aaney ku diidin. Iskaba daa inay ku diidaane, waxay ku raaceen ka horimaanshihii Quraanka."

Alqifaariyi (1994) wuxuu soo qaatey aayado Quraan ah oo badan oo ay ku macneeyeen macne cid ku sheegtey aanay

---

55 Al-Qifaariyi, Naasir Bin Cabdullaahi, (1994).

jirin. Waxaan isku dayayaa inaan dhowr ka mid ah soo qaadanno.

{مَرَجَ الْبَحْرَيْنِ يَلْتَقِيَانِ * بَيْنَهُمَا بَرْزَخٌ لَا يَبْغِيَانِ} [الرحمن: 19، 20]

Waxay ku macneeyeen in labada badood loola jeedo Cali iyo Faadumo rc, Barsakha u dhexeeyana waa Nabiga NNKA.

Aayadda 51aad ee suuradda An-Naxli:

وَقَالَ اللَّهُ لَا تَتَّخِذُوا إِلَهَيْنِ اثْنَيْنِ إِنَّمَا هُوَ إِلَهٌ وَاحِدٌ فَإِيَّايَ فَارْهَبُونِ

Waxay ku fasireen in laga wado: Ha sameysannina labo imaam, waa hal imaam.

Aayadda 27aad ee suuradda Ar-Raxmaan:

وَيَبْقَى وَجْهُ رَبِّكَ ذُو الْجَلَالِ وَالْإِكْرَامِ

Waxay ku fasireen inay imaamyadu weligood waari doonaan.

Aayadda 84aad ee suuradda As-Sukhruf:

وَهُوَ الَّذِي فِي السَّمَاءِ إِلَهٌ وَفِي الْأَرْضِ إِلَهٌ وَهُوَ الْحَكِيمُ الْعَلِيمُ

Waxay ku sheegeen in laga wado imaamka.

Aayadda 29aad ee suuradda Al-Acraaf:

قُلْ أَمَرَ رَبِّي بِالْقِسْطِ وَأَقِيمُوا وُجُوهَكُمْ عِنْدَ كُلِّ مَسْجِدٍ

Waxaa looga jeedaa ayey yiraahdeen imaamyada.

Aayadda 18aad ee Suuradda Al-Jinni:

وَأَنَّ الْمَسَاجِدَ لِلَّهِ فَلَا تَدْعُوا مَعَ اللَّهِ أَحَدًا

Waxay ku fasireen in laga wado in imaamku yahay ehelkii Muxammed NNKA, cid kalena imaam ha ka dhigannina.

Aayaadahaa iyo kuwo aan tiro lahayn ayey ku fasireen macne aaney qaadan karin, luqad ahaan iyo macne ahaanba.

QAYBTA LABAAD:
Caqiidada Shiicada

Caqiidadu Badaa' (عقيدة البداء)

Caqiidadooda waxaa ka mid ah inay rumeysan yihiin in Alle uu arrin xukumo, kaddibna ay ku soo baxdo mid kale oo aanu horey u ogeyn, markaana uu xukumo sidii la qummanaata. Arrintani waxay keeneysaa in Alle lagu qiro inay jiraan waxyaabo aanu horey u ogeyn, taana ay ku keento inuu ka noqdo arrin uu horey u xukumey, waana arrin aan, marna, Alle suurtogal ka aheyn oo gaalnimo cad ah.

Sidii aan horey ku soo xusney, aragtidani waxay bilaabantey xilligii C/llaahi Ibnu Saba', wuxuuna ka soo guuriyey kutubtii Yuhuudda. Waxaa kaddib isticmaaley Mukhtaar xilligii uu dagaalka kula jirey Muscab Ibnu Subeyr. Nin ciidankiisa ka mid ah ayuu u sheegay in loo waxyoodey oo ay dagaalka ku guuleysan doonaan, dagaalkii markii lagu jabiyeyna, wuxuu yiri;

هكذا قال الله ثمّ بدا له أمر آخر

"Sidaas Alle ayaa yiri, kaddibna arrin kale ayaa u soo baxday oo la qummanaatey."

Sidaas oo kale ayey u ciirsadeen caqiidadaa markii uu dhintey Ismaaciil oo ahaa curadkii Jacfar As-saadiq, imaamkii lixaad, isagoo weli nool. Geeridaasu waxay ka hor timid wixii ay rumesnaayeen oo ahaa in imaamka uu dhaxlayo wiilka curadka u ah, curadkuna uu aabbihi ka geeri dambeynayo. Waxay u carareen caqiidadoodii xumeyd ee aheyd in Alle uu sidaa xukumey, kaddibna geeridan ay ku soo baxdey oo aanu hore ugu tashan. Aragtidani waxay noqotey hub ay isticmaalaan, kuna gabbadaan mar kasta oo ay dhab noqon weydo wax ay dadka ugu sheegaan inuu dhici doono. Raafidadu waxay dadkoodii raacsanaa iyo kuwii ka soo horjeedeyba u dhigeen labo qodob oo adadag, una fududeynaya inaan weligood been iyo iska hor-imaad lagu sheegin, waana Taqiyada (Isqarinta) iyo caqiidada Al-badaa'.[56]

Caqiidada Dhoobada

Waxay qabaan caqiido sir ah oo aaney cawaantu ogeyn, lana yiraahdo (عقيدة الطينة). Waxay aaminsan yihiin in Shiicada laga uumey dhoobo wanaagsan oo laga soo qaadey dhul daahir ah, dhoobadaas oo biyo macaan lagu rusheynayey toddobaad. Sunniyiinta waxaa laga abuurey dhoobo xun oo ureysa oo lacnadan, dhoobadaas oo toddobo beri lagu rusheynayey biyo xunoo dhano ah. Labadii dhoobo ayaa Alle isku darey. Ruuxii Shiico ah oo dambi iyo xumaan ku dhaca, wuxuu kala yimid dhoobadii xumeyd ee Sunniyiinta, Sunnigii wanaag lagu arkona, wuxuu kala yimid dhoobadii wanaagsaneyd ee Shiicada laga uumey. Marka Qiyaamaha la gaaro xumaantii iyo dambiyadii Shiicada waxaa la saarayaa Sunniyiinta, wanaaggii ay Sunniyiintu sameeyeenna Shiicada ayaa la siinayaa.[57]

Caqiidada Is-qarinta (التقيّة)

Aragtidan waxay culimadoodu ku macneeyaan inuu qofku ku hadlo ama sameeyo wax ka duwan waxa uu qabo, isagoo u sameynaya inuu naftiisa, diintiisa iyo sharaftiisa ilaaliyo. Caqiidadani waxay shiicada ka joogtaa meel weyn, waxayna gaarsiiyaan in diinta toban meelood sagaal ka mid ah ay taqiya (isqarin) tahay, qofkii aan taqiya laheynna aanu diin laheyn. Kutubtooda ugu caansan waxaa ku qoran, sida Al-Kaafi, in Jacfar As-saadiq uu yiri, "Taqiyadu waa diinteydii iyo middii aabbayaashey, qofkii aan taqiya laheynna iimaan ma leh."Waa asal ka mid ah lama-dhaafaanka diintooda, qofkii ka tagaana wuxuu la mid yahay qof salaad ka tagey.

---

56 Maxammuud Shibli. (2014).
57 Al-Qifaariyi, Naasir Bin Cabdullaahi, (1994).

QAYBTA LABAAD:
Caqiidada Shiicada

Sidoo kale, waxay qabaan qofkii wuxuu aaminsan yahay qarsada inuu Alle koryeelayo, qofkii muujistana uu Alle dulleynayo. Waxay rumeysan yihiin in taqiyadu waajib tahay ilaa inta mahdigu ka soo baxayo.[58]

Is-qarintu waxay noqotey hub ay isticmaalaan, kuna qariyaan hadalladooda iyo caqiidadooda is-khilaafsan. Waxay gaartey inay Shiicada laftigeedu ku wareerto hadalka saxda ah ee ay culimadooda ka qaataan, waayo waxaa is dhexgaley caqiidadii ay rumeysnaayeen iyo middii Taqiyada. Waxay gaartey in la yiraahdo, nin shiici ah been laguma qaban karo, saa wuxuu isku difaacayaa Taqiya.

Kuleyni wuxuu kitaabkiisa ku wariyey nin u yimid Jacfar As-Saadiq isagoo Abuu xaniifa la fadhiyo. Ninkii wuxuu weydiiyey su'aal ku saabsan riyo uu arkay, kaddibna uu Jacfar ku yiri, "Caalimkii ayaa fadhiya," isagoo farta ku fiiqaya Abuu Xaniifa. Su'aashii waxaa ninkii uga jawaabey Abuu Xaniifa. Jacfar wuxuu yiri, "Illaah ayaan ku dhaartaye, waad asiibtey." Abuu Xaniifa markii uu baxay ayaa Jacfar ninkii ku yiri, "masaladu ma ahan sida uu Abuu Xaniifa sheegey." Ninkii inta yaabey ayuu yiri, "Soo adigii ku dhaartey inuu asiibey!" Jacfar wuxuu yiri, "Waa sax, laakiin waxaan ka wadey khaladkii ayaad asiibtey."[59]

Qisadan iyo kuwo la mid ahi waxay muujinayaan inaan marna la rumeysan karin shiicada, si kasta oo ay u dhaartaan. Taqiyadu waxay u fasaxeysaa inuu diintii uu doono sheegan karo, kuna dhaaran karo, hadhowna uu ku cudurdaarto inuu taqiyo ka wadey. Yuhuudda, Nasaarada iyo kuwa dabka caabuda haddii ay kuugu dhaartaan waxay rumeysan yihiin, waxay u badan tahay inay kaaga run sheegaan, laakiin ruuxa shiiciga ahi wuxuu aaminsan yahay inuu ajar ka helayo

---

58 Cali M. As-salaabi (2008).
59 Maxammed C. At-tuunsawi (1403).

haddii uu kuugu dhaarto wuxuu caqiideysan yahay wax aan aheyn.

Taqiyadu gaar kuma ahan in Sunniga lagula dhaqmo, xataa iyaga dhexdooda ayaa iskula dhaqma. Haddii albaab ku xirmo, mid kale ayey Taqiyadu u furtaa, wuxuuna noqonayaa qof aan weligii masalo ku xirmin oo dhinacuu doono uga dabaalan kara.

Xuseen Muusawi (2007) ayaa wuxuu kitaabkiisa ku xusey qiso uu goobjoog u ahaa. Qisadaasu waxay ku saabsaneyd masalada Tamatuca loo yaqaan, waxaana la weydiiyey caalim ka mid ah culimada Shiicada kuwa ugu waaweyn oo lagu magacaabo Al-Imaam Khuu'iyi.

Wuxuu sheegey in isagoo Imaam Khuu'iyi la fadhiya maktabaddiisa ay u soo galeen labo dhallinyaro ah oo ay ka muuqato inay arrin isku diiddan yihiin, kuna heshiiyeen inay imaamka weydiiyaan. Mid ka mid ah ayaa weydiiyey xukunka Mutcadu, inay xalaal tahay ama xaaraam tahay. Imaamku wiilkii ayuu jalleecay, su'aashiisana dareen ayey gelisey, wuxuuna weydiiyey halka uu deggen yahay. Wiilkii wuxuu ugu jawaabey inuu ka yimid Muusil, Najafna uu labo bilood deggenaa. Su'aal kale ayuu ku celiyey oo uu ku weydiinayo inuu Sunni yahay, wiilkiina wuxuu ugu jawaabey inuu Sunni yahay. Imaam Khuu'iyi wuxuu ku yiri wiilkii, "Mutcadu dhankayaga waa xalaal, dhankiinnana waa xaaraam."

Wiilkii dhallinyarada ahaa sidaa ugama harin, arrin kale oo shiikhii wareerisey ayuu weydiiyey, wuxuuna yiri, "Halkan ilaa labo bilood ayaan joogey, dhulkanna socoto ayaan ku ahay, gabadhaada ma ii guurineysaa si aan ugu tamatuco ilaa inta aan ka noqonayo." Shiikhii in door ah ayuu aamusnaa, wuxuuna wiilkii ugu jawaabey inuu Sayid yahay, arrinkaana uu xaaraam iyaga ka yahay, laakiin caamada Shiicada uu xalaal u yahay. Wiilkii shiikhii ayuu eegey isagoo dhoollacaddeynaya, eegmadiisana ay muujineyso inuu gartey in Khuu'iyi uu Taqiyo ku dhaqmey.

Labadii dhallinayarada aheyd wey baxeen, sayid Muusawina wuxuu Khuu'iyi ka codsadey inuu fasaxo, wuxuuna ka dabo-tagey labadii dhallinyarada aheyd. Labada dhallinyarada ahi waxay kala ahaayeen mid Sunni ah iyo mid Shiici ah, iskuna khilaafey arrinta Mutcada. Sayid Muusawi wuxuu sheegey in wiilkii shiiciga ahaa uu qaylo afka ku shubtey, isagoo caayaya culimada Shiicada oo leh, "Mujrimiinyahay, naftiinna waxaad u xalaaleyneysaan inaad gabdhahayaga ku tamatucdaan, kuwiinnana waad naga reebaysaan. Sayid Muusawi wuxuu leeyahay, "wiilkii isagoo qaylinaya oo caytamaya ayuu dhaqaaqey, kuna dhaaranaya inuu Sunni noqon doono, aniguna aan dajinayo, uguna dhaaranayo in Mutcadu ay xaaraam tahay, anigoo adilladeeda u raacinaya."⁶⁰

Taqiyadu waxay noqotey aalad la isticmaalo midda ugu dhagarta badan, ruuxana u sahleysa inuu fal kasta oo xun uu sameeyo, kaddibna uu ku cudurdaarto inuu Taqiyo uga jeedey. Taa waxaa ka sii daran is-qarinta ay culimadoodu isticmaalaan, isagana dhigaan inay Sunni yihiin si ay isugu qariyaan. Wadaad culimada Shiicada ka mid ah oo la oran jirey Maxammed Bin Xuseen Al-bahaa'iyi ayaa ku faanay inuu mad-habka Shaafici sheegan jirey xilli uu Shaam joogey. Waxay ku kala fadli badan yihiin, sida ay ugu kala xariifsan yihiin Taqiyada, qofka Shiiciga ahna waxaa saaran inuu ula dhaqmo qofka Sunniga ah si aanu uga didin shiicannimada.⁶¹

Aragtidooda Muslimiinta Sunniga ah

Waxay qabaan in dadka Sunniga ah oo dhan ay gaalo yihiin, waxayna ugu yeeraan (النواصب). (الذين ينصبون العداء)

---

60 Xuseen Muusawi (2007).
61 Cabdullaahi Al-Muusiliyi (2002).

(لأهل البيت) oo ay uga jeedaan kuwii cadaawadda u qabey Aalu Beytka. Inay yihiin nijaas, dhiiggooda, xoolahooda iyo cirdigooduba uu xalaal u yahay ayey rumeysan yihiin, dawladihii muslimiintana, laga soo bilaabo Abuu Bakar rc inay dawlado gaalo ah ahaayeen. Iskaba daaye, waxay qabaan in Sunnigu ka shar badan yahay yuhuudda, nasaarada iyo dabcaabudka.

Waxay qabaan in tilmaamaha xaqa lagu garto, gaar ahaan haddii arrini ka dheeh-gasho, ay ka mid tahay in la qaato ka soo horjeedka waxa Sunnigu qabo. Agtooda waa arrin wax lagu kala doorto. Sidaa waxaa ku qorey Al-Khumeyni kitaabkiisa Ar-Rasaa'il:

"لا اشكال في انّ مخالفة العامّة من مرجحات باب التعارض"

"Madmadow kuma jiro in khilaafidda caamada (Sunniga) ay ka mid tahay waxyaabaha wax lagu kala hormariyo marka wax iska horyimaadaan."[62]

Shiicadu waxay rumeysan yihiin inaan cilmi laga qaadan karin culimada Sunniga ah, garsoorna aan laga dhigan karin garsoorayaashooda. Waxay qabaan in qofka sunniga ah meel kasta oo lagu arko uu ku xukuman yahay dil, toos iyo bareer haddii loo dili waayona, si kasta oo loo shirqooli karo inay bannaan tahay.[63]

Dadka kitaabka lagu lacnadey oo naxariista Alle laga fogeeyey, laguna sheegay inay doofaarro yihiin inay sunniyiinta yihiin ayey qabaan. Waxay ku gooddiyaan in xilliga uu soo noqdo mahdiga ay sugayaan uu xasuuqi doono sunniyiinta oo dhan, isagoon u kala eegin rag, dumar iyo carruur toona, wuxuuna ka bilaabi doonaa qaraabadii Nabiga, NNKA iyo Qureysh. Waxay qabaan in mahdigu uu wax ku xukumi doono diintii Nabi Daa'uud iyo Suleymaan oo

---

62 Abuu Cabdullaahi A. Alathariyi (2004).
63 Usaama Shaxaata & Haytham Al-Kiswaaniyi (2008).

aanu diinta Nabi Muxammed, NNKA wax ku xukumi doonin, kacbadana uu dumin doono, qibladana uu ka wareejin doono Makka, una wareejin doono Kuufa. Arrinkaasu wuxuu muujinayaa in asalka mad-habka shiicadu uu ka soo jeedo yuhuud, waana sida ay Yuhuuddu xilligan sheegato. Mahdiga ay Yuhuuddu sugayaan waxay sheegaan inuu diintii Nabi Daa'uud wax ku xukumi doono, muslimiintana uu layn doono. Sidoo kale, waxay shiicadu qabtaa ka hor inta aanu mahdigu imaan in nawaasibta (Muslimminta ayey ula jeedaan) la xasuuqi doono, Makka iyo Madiinana uu dhiiggu qulquli doono.[64]

Xuseen Muusawi (2007) wuxuu caddeynayaa in kutubta muctabarka ah ee shiicada iyo hadallada culimadooda laga hayo ay isku raaceen in cadowga koowaad ee Shiicada uu yahay Sunniyiinta. Waxay ugu yeeraan Caamo iyo Nawaasib. Ilaa hadda waxay rumeysan yihiin in ruux kasta oo Sunni ah uu dabada seyn ku leeyahay, qof Shiico ah hadduu uu rabo inaanu qof kale waxba ula harinna wuxuu ku caayaa, "Laf sunni ayaa qabriga aabbahaa ku jirta!" sababtoo ah waxay rumeysan yihiin In Sunnigu uu nijaaso yahay, haddii aad kun jeer dhaqdona aanu daahirsameyn. Arrinkaasu waa sida Shiicada oo dhan ay aaminsan yihiin, culimadeeduna waxay sunniga raaciyeen gaalka, mushrigga iyo doofaarka."

Waxay qabaan, sida uu Nicmatullaahi Al-Jazaa'iri ku sheegay kitaabkiisa Al-Anwaaru Al-Jasaa'iriya, inaaney marna iyaga iyo sunniyiintu isku waafaqi karin Ilaah, Nabi iyo Imaam toona. Waxayba ku doodaan in Rabbigii nabi Muxammed soo direy, khaliifkii ka dambeeyeyna uu ahaa Abuu bakar, in Rabbigaas uu khaliifka nabigiisu ahaa Abuu Bakar aanu Rabbi u aheyn, nabigaasuna aanu nabi iyaga u aheyn. Haddii Yuhuudda la weydiiyo dadku ugu fadliga badan diintooda, waxay ku jawaabi lahaayeen, kuwii nabi

---

64 Amiir Saciid (2009).

Muuse cs asxaabtiisa ahaa. Nasaarada haddii la weydiiyo waxay oran lahaayeen, Xawaariyiintii. Shiicada haddii la weydiiyo cidda ugu xun, waxay ku jawaabayaan Asxaabtii Nabiga NNKA.

Magaalo ku taal Iiraan oo la yiraahdo Kaashaan ayaa waxaa ku taalla taallo ay qabri u ekeysiiyeen, aadna ay u weyneeyaan oo ay Shiicadu siyaarato. Daljirkaa dahsoon waxay ugu yeeraan Baabaa Shujaacu Diin. Darbiyada taallada waxaa ku qoran cayda Abuu Bakar, Cumar iyo Cusmaan, rc. Ruuxa ay taalladaa u dhiseen, sidaana ay u weyneynayaan waa majuusigii diley Amiirul Muuminiin Cumar Ibnu Khaddaab ee la oran jirey Abuu Lu'Lu'ata Al-majuusi.

Aayatullaah Al-Khumeyni wuxuu kitaabkiisa Al-Xukuumatu Al-Islaamiya si xeeldheer ugu ammaanayaa laba nin oo ka mid ahaa raggii shirqoolka u maleegey dawladdii muslimiinta xilligii Tataarku ay Ciraaq qabsadeen. Labadaa nin waxaa la kala oran jirey Cali Bin Yaqdiin iyo Nuseyruddiin Ad-duusiyi. Wuxuu sheegey inay guul muslimiinta u soo hooyeen. Guusha uu sheegayaa waa xasuuqii Tataarku dadkii reer Baqdaad ee muslimiinta ahaa ay u geysteen.

Wuxuu Xuseen Muusawi soo qaatey qiso dhab ah oo uu goob-joog u ahaa, qisadaas oo dhex martey Xuseen aabbihi iyo nin marti u ahaa. "Aabbahey ayaa nin socoto ah kula kulmay suuqa magaalada (Najaf), aabbaheyna wuxuu ahaa nin khayrka jecel, ninkii ayuuna soo kexeeyey si uu habeenkaa u marti-geliyo. Si wanaagsan ayaan u soorrey, una karaameyney, cishihii kaddibna cabbaar ayaan la caweysinney, xilligaana nin dhallinyaro ah ayaan ahaa. Sheekadii ayaan ka dhex helay inuu ninku Sunni yahay, magaalada Saamaraana uu ka yimid oo Najaf dan u yimid.

Habeenkaa ninkii wuu nala hoydey, waagu markii uu baryeyna quraac ayaan u geynney. Markii uu quraacdey ee uu isku diyaariyey inuu anbabaxo ayuu aabbahey siiyey sahey iyo xoolo uu islahaa wuu u baahan yahay. Ninkii intuu nooga mahadceliyey martigelintii wanaagsaneyd ayuu naga tagey. Ninkii markii uu naga tagey ayuu aabbahay wuxuu amar ku bixiyey in la gubo gogoshii uu ninku ku seexdey, alaabtii uu wax ku cuneyna si wanaagsan loo daahiriyo, sababtoo ah wuxuu aaminsanaa in Sunnigu uu nijaaso yahay.[65]

Caqiidada Soo noqoshada (الرَّجعة)

Waxay rumeysan yihiin iney soo noqonayaan imaamyadooda dhimashada kaddib, iyadoon la gaarin xilligii Alle ugu talo-galey inuu dadka soo nooleeyo. Aragtidani waxay ka soo jeeddaa C/llaahi Ibnu Saba', aasaasihii shiicada, wuxuuna sheegay in Cali Ibnu Abii Daalib uu soo noqon doono oo aanu dhiman.

Ciddii ugu horreysey ee arrinkan soo noqoshada keentay waxay aheyd kooxdii Kaysaaniyada oo sheegtay in Maxammed Bin Xanafiya yahay mahdigii la sugayey oo uu soo noqon doono. Raafidadu iyagu waxay u haystaan in imaamkoodii ugu dambeeyey ee Maxammed Bin Xasan Al-caskariyi uu yahay mahdigii la sugayey. Waxay aaminsan yihiin inuu god galay isagoo ilaa labo jir ah markii aabbihi Xasan uu dhintay. Taa waxaa dheer in culimada taariikhdu sheegeen in Xasan aanu ilmo ka tagin, mahdiga la sugayana aanu aheyn qof jira.[66]

Marka la eego aragtida Raafidada, soo noqoshada ay rumeysan yihiin waxay u qaybsantaa saddex qaybood: Midda hore, soo noqoshada imaamkii dhuuntey, Maxammed Almahdiyi, ilaa haddana ay sugaan, kaddibna waxaa soo noolaan doona dhammaan imaamyadii kale. Soo noqoshada labaad waxay uga jeedaan in la soo celin doono madaxdii muslimiinta oo ay ugu horreeyaan saddexdii khaliif; Abuu

---

65 Xuseen Muusawi (2007).
66 Axmed M. Jali (1988).

Bakar, Cumar iyo Cusmaan rc. Sababta loo soo celinayo waxay ku sheegeen in loo ciqaabayo boobiddii iyo dhacii ay madaxtinnimada xoogeen, waxaana la isugu dari doonaa jir-dil, dil iyo daldalaad.

Soo noqoshada saddexaad waxay uga jeedaan in la soo celin doono dadka, Sunni iyo Shiicaba. Soo celintaa waxaa looga dan leeyahay in Shiicadu ka aargoosato Sunniga, waxayna ku sameyn doonaan xasuuq aan horey loo arag. Sida kutubtooda ku cad, xasuuqaasu wuxuu ka dhici doonaa Makka, gaar ahaan inta u dhaxeysa Safa iyo Marwa.[67]

Khuraafaadkaa iyo waxyaabahaa ay Shiicadu aaminsan yihiin waxay na tusayaan dhagarta iyo cadaawadda ay u hayaan muslimiinta Sunniga ah iyo waxay ka aaminsan yihiin. Meesha dadkaa lagu gumaadayo waa Xaramkii Makka oo aheyd goob ka caaggan in dhiig lagu daadiyo. Caqiidadaa waxaa kabaya dhacdo taariikhdu werisey oo caddeyneysa inay Shiicadu ku gumaaddey Xaramka Makka dad muslimiin ah oo xajinayey. Ilaa hadda waxay isugu sheekeeyaan inay Makka iyo Madiina furan doonaan, sidii iyagoo gacan dad gaalo ah ku jira. Waana sida ay rumeysan yihiin oo Sunnigu inuu gaalka ka daran yahay ayey qabaan.

Aragtida Mutcada

Mutcadu waxaa loola jeedaa in ninku guursado haweeney muddo kooban oo uu ku raaxeysto, muddadaasi markii ay dhammaatona ay ka furmeyso. Waa tab ay isticmaalaan Shiicadu, gaar ahaan imaamyadooda, una fududeysa inay si aan xad laheyn ay u gutaan shahwadooda, iyagoo magaca diinta ku gabbanaya. Waxay gaarsiiyeen inay gaaleysiiyaan qofkii mutcada ka hor yimaada, qofkii sameeyana waxay u ballan qaadeen ajar weyn, iyagoo soo daliishanaya axaadiis

---

67 Al-Qifaariyi, Naasir Bin Cabdullaahi, (1994).

been-abuur ah iyo hadallo been ah oo ay ka soo guuriyaan imaamyadooda.[68]

Xuseen Muusawi (2007) wuxuu soo guuriyey hadal ay kutubtooda ku qoreen Kuleyniyi (Al-Furuuc) iyo Ad-Duusi (At-Tahdiib) inaaney shardi aheyn haweeneyda lagu tamatucayo inay qaan-gaar tahay, laakiin foodleyda haddii ay Toban gaarto lagu tamatuci karo.

Wuxuu Xuseen marag ahaan u soo qaatey arrin ka dhacdey Aayatullaahi Al-Khumeyni xilligii uu Ciraaq joogey ee aanu Iiraan madaxtinnimadeeda la wareegin. Xuseen arday ayuu Khumeyni u ahaa oo waxbuu ka baran jirey, xiriirkooduna wuu adkaa. Waqti waqtiyada ka mid ah ayuu safar Ciraaq dhexdeeda ah la galey. Safarkii markii ay soo dhammeysteen, iyagoo Baqdaad ku socda ayey magaalo uu degennaa nin shiici ah oo ay Aayatullaah aqoon isku lahaayeen ku leexdeen. Si wanaagsan ayaa loo soo dhaweeyey, habeenkaa inaan hoyannana ninkii aan martida u aheyn waa naga aqbaley.

Markii la gaarey xilligii hurdada, dadkiina ay naga gaddoomeen, ayaa Aayatullaahi wuxuu isha ku dhuftay gabar yar oo Afar jir ah oo uu dhalay ninkii marti geliyey, laakiin il-qabad laheyd. Aayatullaahi Khumeyni wuxuu aabbeheed ka dalbadey inay caawa la joogto oo uu ku tamatuco, aabbihiina isagoo faraxsan ayuu aqbaley. Ilmihii yaraa habeenkii waxay la hoyatey Imaam Khumeyni, iyadoo la maqlayo oohinteeda iyo qayladeeda!"

Waagu markii uu baryey, ayagoo miiskii quraacda fadhiya, ayuu soo eegay, wejigiisana wuxuu ka gartey didmo weyn, markaas ayuu weydiiyey sida uu u arko in lagu tamatuco ilmo yar. Xuseen wuxuu ku yiri, "Sayidii, hadalku waa kaaga, falkaaguna waa sida saxda ah, adiguna imaam mujtahid ah ayaad tahay, anigoo kalena uma suubana inuu

---

68 Abuu Cabdullaahi A. Alathariyi (2004).

arko ama yiraahdo, waxaad aragto ama tiraahdo waxaan aheyn." Xuseen Muusawi wuxuuba leeyahay Aayatullaahi Khumeyniyi wuxuuba qabaa in ilmaha naaska nuugaya lagu tamatuci karo.[69]

Arrinta Mutcadu waxay Shiicada gaarsiisey fasahaad iyo xumaan aaney xal u heli karin. Waxaa batey ilmaha aan aabbahood la garaneyn, waxayna albaab u furtay sinadii iyo xumaantii kale oo dhan. Waxay gaartey in hal nin ku mutcaysto gabar iyo hooyadeed, gabar iyo walaasheed ama gabar iyo eeddadeed iyo habaryarteed. Qaarkood ayaa xaaskii aabbihi ku tamatucay, qaarna gabar ay dhaleen. Waxa kale oo ay Mutcadu dhashay arrin ka sii daran oo ay ku magacaabaan (اعارة الفرج) oo looga dan leeyahay inuu ninku haweeneydiisa ka kireeyo nin kale, gaar ahaan haddii uu safar galayo. Sidoo kale, in ninku uu haweeneydiisa ku martiqaado nin agtiisa ku weyn.[70]

Qiso uu soo guuriyey isla Xuseen Muusawi (2007) ayaa nooga filan inaan ogaanno hoogga iyo balaayada ay mutcadu ku hayso shacabka Shiicada. Wuxuu ka shaakeeyey Sayid Muusawi haweeney u timid oo uga warrantay qiso ku dhacdey. Haweeneyda nin ka mid ah Saadada Shiicada oo la yiraahdo Sayid Xuseen As-sadri ayaa ka mutcaystey muddo markaa laga joogo Labaatan sano, uur ayeyna qaaddey, waxayna dhashay gabar. Gabadhii gashaanti ayey noqotey. Maalin ayey hooyadii ogaatey inay gabadhu uur leedahay, markii ay weydiisey cidda uureyseyna waxay u sheegtay shiikhii hooyadeed ka dhalay ee Sayid Xuseen As-Sadri inay uurka u leedahay oo ay mutcaysatay! Hooyadii miskiinta aheyd wey ismadax-martey, gabadheediina waxay u sheegtay in cidda ay uurka u leedahay uu aabbeheed yahay. Masiibo ka weyn oo la sheegi lahaa ma jirtaa in gabari aabbeheed uur u leedahay!

---

69 Xuseen Muusawi (2007).
70 Maxammed C. At-tuunsawi (1403).

QAYBTA LABAAD:
Caqiidada Shiicada

Al-Khumus

Al-khumus oo macnihiisu yahay in qofku maalkiisa shan meelood marka loo qaybiyo uu meel bixiyo, waa tab culimada shiicadu ay maal ku tabcadaan, dadka shacabka ahna ay ku dhiig-miirtaan. Waa il ka mid ah ilaha ay ku xooleystaan culimada Shiicadu. Khumuska waxaa iska leh imaamka maqan ee la sugayo, waxaana wakiil ka ah oo xoolahaa qaadaya culimada markaa joogta. Qofkii aan bixin waxaa lagu daraa kuwa gaaloobey ee caasiyey imaamka maqan. Qofku haddii uu damco inuu xajka aado, waa inuu qiimeeyaa xoolihiisa, kaddibna ka bixiyaa shan meelood hal meel, haddii aanu yeelinna aanu xajkiisu ansaxeyn.[71]

Culimadii hore ee shiicada dadka waajib ugama dhigin khumuska, samannadii dambe ayey isku khilaafeen halka lagu bixinayo. Si xoolahaa loo xalaaleysto, qaarkood ayaa sheegtay inay imaamka maqan la kulmaan, suurtogalna ay tahay inay khumuska gaarsiiyaan. Waxaa xigey inay waajib ka dhigaan, laakiin qofku waa inuu dhulka ku aasaa ilaa imaamku ka soo noqonayo. Ugu dambeyn, waxay fatwoodeen in qof aamin ah loo dhiibo, cidda mudanina waxay noqotay culimada iyo fuqahada. Waxaa lagu soo gabogabeeyey in fuqahada loo dhiibo, waxayna u qaybiyeen labo qaybood; qayb ay iyaga qaataan iyo qayb ay sheegaan inay dadka saboolka ah siinayaan. Taas waxay keentay in fuqahada iyo culimada Shiicadu ay ka mid noqdaan kuwo ugu hodansan dadka. Waxay gaartey in lagu tartamo sidii dadka loo kala hororsan lahaa, looguna kala dheereyn lahaa. Markii uu faraha ka batay maalkii ay helayeen, ayaa qaarkood dahab u beddeleen ku dhowaadey inuu qolal buuxiyo.[72]

---

71 Cabdullaahi Al-Qafaariyi. (1424).
72 Xuseen Muusawi (2007).

Nuseyriya (Calawiya)

Sidaan soo xusney, Nuseyriyadu waxay ka go'day Ithnaa Cashariyada. Waxay Cali Ibnu Abii Daalib ka rumeysan yihiin inuu Ilaah yahay. Qaar ayaa Qorraxda caabuda iyagoo leh Cali ayaa ku dhex jira, kuwo kalena Dayaxa ayey caabudaan, qaarna hawada ayey ka rumeysan yihiin inay Ilaah tahay.

Taas waxaa ka sii daran, waxay rumeysan yihiin in Cali rc uu wax abuuro, ciddii uu abuuraana ay awood u leeyihiin inay cid kale sii abuuraan. Waxay qabaan in Cali uu abuurey Nabi Muxammed NNKA, nabiguna uu abuurey saxaabigii Salmaan Al-Faarisi. Salmaan wuxuu isna abuurey shan qof oo ay ugu yeeraan Agoontii shanta aheyd, ruux walbaana wuxuu leeyahay hawl gaar u ah. Mid shaqadiisu tahay inuu dadka uumo, mid xiddigaha iyo meerayaasha u xilsaaran, mid dabeylaha iyo inuu dadka nafta ka qaado masuul ka ah. Mid nafta inuu dadka ku afuufo loo igmadey, mid cudurada loo wakiishey. Waxay u qaybiyeen hawshii ALLAAH uu gaarka u lahaa. Shantaasi waxay kala yihiin Miqdaad Bin Aswad, C/llaahi Bin Rawaaxa, Abuu dar Al-Qafaari, Cusmaan Bin Madcuun iyo Qunbur Bin Kaadaan.

Waxay leeyihiin ciido gaar ah, qaarkood waa ciidaha muslimiinta, qaarna waa kuwo ay la wadaagaan kiristanka iyo dabcaabudka. Waxay weyneeyaan oo ay barakeystaan khamriga, geedka canabka ee khamriga laga sameeyana agtooda wuxuu ka yahay geed barakeysan. Salaadda ay tukadaan wey ka duwan tahay middan aannu naqaan, sujuudna salaaddoodu ma lahan. Rakcadaha salaadda iyo qaabka loo tukadoba waa mid iyaga gaar u ah.

Salaadda Jimcaha ma tukadaan, guryaha ayaana masaajid u ah. Waxba uma arkaan is-daahirinta salaadda ka hor, sida weyso-qaadka iyo qubeyska. Xajka ma aqoonsana, waxayna ku tilmaamaan inuu yahay gaalnimo iyo sanam la caabudayo. Sako xoolahooda kama bixiyaan, laakiin waxaa jira canshuur

QAYBTA LABAAD:
Caqiidada Shiicada

ay siiyaan culimadooda oo ay ugu yeeraan "Khumus". Qofku xoolihiisa wuxuu bixinayaa Shan meelood hal meel, waana arrin ay la wadaagaan Shiicada kale. Ruuxii kooxdooda ku biira waxay u dhigaan shuruudo adag, shahaadada uu qofku qirayo oo uu diintooda ku gelayana waa saddex xaraf oo kala ah Ceyn, Miim iyo Siin. Saddexda xaraf waxay ka taagan yihiin saddex magac, mid walbana xarafkii ugu horreeyey ayey ka soo qaateen. Ceynka waxay ka wadaan Cali rc, Miimkana Muxammed NNKA, Siinkana Salmaan rc.

Caqiidadooda waxaa ka mid ah inay diiddan yihiin Qiyaamaha iyo isa soo celinta. Waxay xalaaleystaan khamariga, sinada iyo jinsi-gudka. Waxay weyneeyaan ciidaha Dab-caabudka sida Nayruuska, iyo ciidda Nasaarada.[73]

Caqiidada Ismaaciiliyada (Baadiniya).

Ismaaciiliyadu waxay la wadaagtaa walaalahooda Raafidada waxyaabo badan oo aan ku soo sheegney caqiidada Raafidada sida in Quraanka la beddeley, imaamada, gaaleysiinta Saxaabada iyo muslimiinta, Taqiyada iyo wixii la mid ah. Sidaas oo ay tahay, koox walba oo Ismaaciiliyada ka mid ahi waxay leedahay aragti iyo caqiido ka duwan kuwa kale.

Ismaaciiliyadu way ka dhib iyo fasahaad badan tahay Raafidada. Caqiidada Ismaaciiliyadu waxay ka kooban tahay afkaar laga soo uruuriyey dhaqammo iyo aragtiyo kala duwan, iskana hor imaanaya oo isku dhexyaacsan. Xilli walba qolada joogta ayaa ku jaangoysa hawadooda iyo danahooda.[74]

Ismaaciiliyadu waxay rumeysan yihiin caqiido gaar u ah, qaar waxay ka soo qaateen falaasifada iyo mulxidiinta, qaarna Muctasilada iyo Qadariyada. Waxay leeyihiin labo

---

73 Qaalib Bin Cali Cawaajiyi (2001).
74 Qaalib Bin Cali Cawaajiyi (2001).

kutub, mid ay ku magacaabeen Kutubu Daahir iyo mid ay ugu yeeraan Kutubu Baadin. Kutubka daahirka ah waxay ugu talo-galeen caamada, ha ahaadeen kuwo raacsan iyo kuwo aan ka mid aheyn si aaney cidina u ogaan xaqiiqda waxa ay rumeysan yihiin. Midka baadibka ah waxaa ku qoran caqiidada runta ah ee ay aaminsan yihiin, loomana oggola cid kale, dadka xulka ah mooyaane. Dadka xulka ah qudhooda waxaa lala galaa ballan iyo cahdi adag inaaney cid kale tuseyn, ama uga warrameyn.[75]

Alle iyo Imaamyada

Waxay Alle u diidaan dhammaan magacyada iyo sifaadka uu sheegtay. Iyagoo afka ka sheeganaya jiritaanka Alle, ayey haddana si dadban u diidaan. Waxay gaareen inay ku doodaan inaan Alle lagu sheegi karin jiritaan ama jiritaan la'aan, laguna tilaami karin caalim, kaamil, nolol iyo wixii la halmaala. Dhammaan magacyadii iyo sifaadkii Alle waxay siiyeen imaamyadooda, waxayna gaarsiiyeen inay iyagu awoodda kama dambeysta ah iyo abuurka kownka ay leeyihiin. Ujeeddada ka dambeysa hadalkooda waa inkirid jiritaanka Alle iyo risaaladii Nabiga, NNKA. Agtooda, cidda awoodda kama dambeysta ah leh, diintana laga qaadanayo waa imaamka. Waxay sheegaan hadallo been abuur ah oo ay Cali, rc ka soo guuriyaan oo ay ku sheegaan inuu yiri, `aniga ayaa wax dila oo nooleeya, aniga ayaa wax abuura oo quudiya, aniga ayaa samada taagey, dhulkana gogley,' iyo hadallo aan ka suurtoobin inay ku hadlaan cid Alle rumeysan.[76]

Nin gabyaa ahaa oo la oran jirey Ibnu Haani' Al-Andulisi ayaa gabay ammaan ah u tiriyey Al-Mucisi Lidiinillaah oo ka mid ahaa imaamyadii Cubeydiyiinta (Faadimiyiinta). Tixdiisa waxaa ka mid ahaa beyt uu ku sheegayo in waxa imaamku

---

75 Ixsaan I. Dahiir (1985).
76 Calawi D.Aljabal (2002).

QAYBTA LABAAD:
Caqiidada Shiicada

doono ay dhacayaan, qaddarta Allena aaney ka hor imaan karin waxa imaamku doono, isaguna yahay midka xukunka la gaarka ah, cid walbana muquuniya.

"ما شئت وما شاءت الاقدار فاحكم فأنت الواحد القهّار" [77]

Gaar ahaan Duruustu waxay rumeysan yihiin in Al-Xaakim Bi-Amrillaah uu Ilaah yahay. Waxay aaminsan yihiin qofkii aan qirin Ilaahnimada imaamkooda, addeecid aan kala har lahaynna aan raacin, inuu gaal yahay, naartana ku waari doono.[78]

Caqiidadaas ah in imaamyada la caabudo, laguna magacaabo inay Alle yihiin waa mid caan ka ah kooxaha Ismaaciiliyada, mid walbana imaamkoodii ayey Alle ka dhigteen. Tusaale ahaan, Aagakhaaniyadu waxay Alle ka dhigteen imaamkoodii Aagakhaan, Duruustuna Al-Xaakim Bi'amrillaah. Imaamyada oo booskii Alle la dhigo waa caqiido hore oo laga soo gaarey Masaaridii hore, Hindida iyo Nasaarada oo Nabi Ciise cs inuu Alle yahay ku sheegay. Aragtidaasi waxay u soo gudubtey qaybo ka mid ah kooxaha Islaamka u nasab-sheegta. Waxaa fikirkaa aabbe u ahaa C/llaahi Ibnu Saba' oo faafiyey in Cali Bin Abii Daalib uu Ilaah yahay.

Qaar ka mid ah ayaa aaminsan in labo Ilaah ay jiraan, mid horreeyey iyo mid xigey (السابق والتالي), qaarna waxay rumeysan yihiin inuu Cali rc yahay cidda samada iyo dhulka uuntay. Marka la isku soo uuuriyo, waxay aragtidoodu ku soo uuureysaa inay diiddan yihiin jiritaanka Alle.[79]

---

77   Axmed M. Jali (1988).
78   Maanic Aljuhaniyi. (1420).
79   Qaalib Bin Cali Cawaajiyi (2001).

Nabinnimada.

Waxay rumeysan yihiin in nabinnimadu ay aheyd xilli kooban oo ah intii uu Nabigu NNKA noolaa, booskeediina waxaa galay imaamnimada oo weligeed jiraysa. Sidoo kale, waxay qabaan inaaney nabinnimadu dhammeystir noqoneyn illaa imaamnimada la helo. Taa waxaa ka sii daran, waxay qabaan in nabinnimadu tahay wax la kasban karo, waxayna ku xireen in qofka laga helo oo keliya Labo iyo Toban sifo. Ruuxii sifaadkaa laga helo wuxuu noqonayaa nabigii la soo diray xilligaa, haddii uu dhintana ummaddiisa ayaa ka dhaxlaysa.

Sida uu sheegay Mustafa Qaalib oo ah Ismaaciili xilliyadan dambe joogey (mucaasir), imaamku wuxuu diinta kaga aqoon badan yahay nabiga. Nabigu wuxuu aqoon u leeyahay macnaha muuqda ee diinta, laakiin imaamku wuxuu yaqaan macnaha qarsoon. Nabigu isagoo aan ummadda u caddeyn macnaha qarsoon ee diinta ayuu dhintay, laakiin imaamyada ayaa arrinkaa loo gaar yeelay. Sidaa darteed, saban kasta waxaa loo baahan yahay imaam macsuum ah oo arrimaha diinta loogu noqdo.[80]

Waxay diiddan yihiin rususha iyo nabiyada cs, waxay ku sheegaan inay shaydaammo yihiin. Gaar ahaan Duruustu waxay aaminsan yihiin in Xaakim Billaah uu shan rusul soo direy. Waxay ku faanaan inay ka soo jeedaan Faraacinnadii iyo Hindidii hore, aad ayeyna u weyneeyaan dhaqammada iyo caadada Hindida, madaxdooduna waxay jecel yihiin inay Hindiya booqdaan. Taa waxaa ka sii daran, Duruustu dhulka ay deggen yihiin ma lahan masaajid, waxayna leeyihiin mawlacyo gaar ah oo ay ku kulmaan. Bisha Ramadaan ma soomaan, Xajkana ma aadaan. Baddalkiis waxay u xajiyaan

---

80   Ixsaan I. Dahiir (1985).

goob ku taal Lubnaan, waxayna siyaaro ku tagaan kaniisad la yiraahdo Al-Mariimiya oo ku taal tuulo Dimishiq u dhow.[81]

Shareecada iyo Quraanka.

Waxay rumeysan yihiin in Shareecada islaamka la nasakhay, laguna beddeley shareeco cusub oo ay u tiiriyaan Maxammed Bin Ismaaciil (imaamkoodii Toddobaad). Waxay qabaan in Quraanku aanu aheyn waxyi Alle soo dejiyey, laakiin uu yahay hadalkii Nabi Maxammed NNKA oo ka kooban haatuf iyo waxyaabo qalbigiisa ku soo dhacay, sida laga soo guuriyey nin ka mid ah culimada Ismaaciiliyada oo lagu magacaabo Isxaaq Bin Axmed As-Sajastaani.[82]

Arrinkaa mid ka fog ayey sheegeen! Waxay rumeysan yihiin inay jiraan shan ruux oo tarbiyada iyo waxbaridda Nabiga NNKA isaga dambeeyey, ruux walbana uu cilmi gooni ah barayey. Shantaas qof kan ugu gacan-dambeeyey waxay ku sheegeen xaaskii Nabiga, NNKA Khadiija rc, markaas ayaa imaamka waqtigaas joogey amray inay ku wareejiso risaaladii iyo nabinnimada. Cidda amreysa Khadiijo rc inay risaalada iyo nabinnimada ku wareejiso Nabiga NNKA waa Abuu Daalib, cidda dhabta ah ee rususha iyo nabiyada soo dirtaana, agtooda, waa Cali rc.[83]

Ujeeddada xun ee arrinkaa ka dambeysaa waa inay caammada shaki ka geliyaan Kitaabka Quraanka, Nabigana NNKA duraan ammaanadiisa. Waa been-abuurkii muskrikiintu Nabiga NNKA ku sheegi jireen iyo inuu isagu dejistey Quraanka, ama uu ka soo qaatey diimihii hore. Arrinkaa waxaa ka dhashay in koox waliba kitaab gaar u ah sameysato, kuna magacowdo Quraan, una tiiriyaan imaamkooda.

---

81 Maanic Aljuhaniyi. (1420).
82 Cabdulqaadir Cadaa Suufiyi (2005).
83 Ixsaan I. Dahiir (1985).

Shareecadu dhankooda waa labo qaybood, qayb cilmi ah iyo qayb camal ah, ama daahir iyo baadin. Shareecada daahirka ah waa middii Nabiga, NNKA lagu soo dejeiyey, midda qarsoonna imaamyada uun baa yaqaan, cid kale oo garaneysa ma jirto. Cibaadooyinka camalka ah kuwa ay ku sheegaan waxaa ka mid ah Salaadda, Soonka Xajka iyo qaybaha kale ee shareecada, kan cilmiga ahna waa midka baadinka ah, waxaana laga qaataa imaamka.

Halka islaannimada lagu soo galo qiridda Alle iyo Rasuulka, NNKA, iyaga waxaa asal u ah qiridda imaamka. Salaadda waxay ku sheegaan in looga jeedo la xiriirka, welikadhigashada iyo addeecidda imaamka. Sakada waxay ku sheegaan in looga jeedo inaad qirto ama aqoonsato imaamka. Soonka waxay ku fasiraan in loola jeedo qarinta sirta iyo caqiidada kooxda. Xajku agtooda wuxuu ka yahay inaad u qasdidid wehel-kadhigashada iyo sugidda imaamka.[84]

Duruustu iyagu waxayba leeyihiin kitaab gaar ah, kitaabkaas oo u jooga booskii Quraanka. Waxaa qorey, soona nooleeyey oo boorka ka jafey caqiidada Duruusta, Kamaal Jumbulaad oo ah ninkii dhalay Waliid Jumbulaad oo ka midka ah siyaasiyiinta Lubnaan ee xilligan. Kitaabkawuxuu ku magacaabey (المنفرد بذاته).[85]

Qiyaamaha

Ismaaciiliyadu ma rumeysna Qiyaame, Cadaab, Janno iyo wax kasta oo xiriir la leh, dhammaantoodna waxay ku fasireen macne baadil ah. Qiyaamaha waxay ku sheegeen in loola jeedo soo bixidda imaamka la sugayo. Naarta iyo Jannada ma aqoonsana, waxayna qabaan in naftu qof markii

---

84 Calawi D.Aljabal (2002).
85 Maanic Aljuhaniyi. (1420).

QAYBTA LABAAD:
Caqiidada Shiicada

ay ka baxdo ay mid kale galeyso, waana aragtida loogu yeero (تناسخ الارواح).[86]

Waa caqiido ay aaminsan yihiin oo ah in qofku marka uu dhinto ay naftiisu qof kale, ama xayawaan kale galeyso. Caqiidadaa waxaa ku hoos qarsoon waa inkirid ay Qiyaamaha diiddan yihiin. Naftu markii ay ruux ka baxdo mid kale ayey galeysaa, sidaa darteed, Cadaabul Qabri ma jiro, Qiyaame iyo is-xisaabinna ma jirto.

---

86 Maanic Aljuhaniyi. (1420).

Qaybta Saddexaad:

QORSHAHA SHIICADA EE DUNIDA MUSLIMKA

SHIICADU WAXAY khatar weyn ku haysaa dunida muslimka, gaar ahaan sunniyiinta, marka la eego dhanka caqiidada iyo qaab-fekerka, dhanka siyaasadda, dhanka arrimaha bulshada, dhanka nabadgelyada iyo dhanka dhaqaalahaba. Laga soo bilaabo aasaaskoodii oo ku siman samankii Khulafada, marna wanaag iyo khayr ummadda muslimka ah lama aaney dooneyn, mar walbana waxay u maleegayeen shirqool.

Xumaantooda iyo dhagartooda ciddii ugu horreysey ee ka hortagtey, kana digtey waxay aheyd Cali ibnu Abii Daalib rc. Sidii aan soo xusnay, wuxuu dab ku shidey dadkii martabadiisa ku xad-gudbey, wuxuuna u gooddiyey ciddii ka sare-marisa Abuu Bakar iyo Cumar. Wuxuu ku sheegay inay yihiin ummad dhagar iyo ballan-ka-bax badan. Sidoo kale, Xasan Bin Cali rc wuxuu ku eedeeyey inay aabbihi (Cali) dileen, isagana dhaawaceen, maalkiisiina boobeen.

Xilligii uu Xuseen Bin Cali ku gadoodey Yasiid Ibnu Macaawiye, reer Ciraaqna ay farriin Xuseen u soo direen ay ugu ballanqaadayaan inay baycada imaamnimada muslimiinta isaga la galayaan, garabna siinayaan, ayaa saxaabo badani kula taliyeen inaanu aadin. Dadkii la taliyey waxaa ka mid ahaa walaalki Maxammed Bin Cali (Ibnu Xanafiya). Wuxuu ku yiri, "Walaalow, waad og tahay sida reer Kuufa u dageen aabbahaa iyo walaalkaa, adigana waxaan kaaga baqayaa inaad jidkaa qaaddo."

Taa waxaa ka sii daran, Xuseen rc in la dilo waxaa amar ku bixiyey Cubeydullaahi Ibnu Siyaad, waxaana gacantooda ku diley Shamru Bin Dii Al-Jawshan iyo Sinaan Bin Anas An-nakhaci, saddexdooduna waxay ka mid ahaayeen ciidankii Cali rc la socdey dagaalkii Sifiin.[87]

Sida uu tilmaamey Ixsaan (1995), ciidankii Xuseen diley dhammaantood waxay ahaayeen reer Kuufa, waana kuwii farriinta u soo direy, una sheegay inay isaga bayco la galeen oo ay taageeri doonaan. Imaam Saynulcaabidiin ayaa markuu arkay iyagoo ka ooyaya kana baroorsanaya dilkii Xuseen rc, wuxuu ku yiri reer Kuufa "kuwaasi annaga ayey noo ooyayaan, marka waa ayo cidda na dishey!"

Shiicannimadu waxay noqotay godka Islaamka laga qaniino, magangelyona siisa ruux kasta oo muslimiinta cadaawad u qaba. Sidoo kale, albaabka Diinta Islaamka laga soo geliyo afkaarta qalloocan ee laga soo guuriyo kiristaanka, yuhuudda iyo majuusta. Jaceylka Aalu Beytku wuxuu noqday shaati uu gashado ruuxii dan leh, ha ahaato inuu rabo inuu ka horyimaado maamul jira, ama uu ku gaaro dan kale oo u qarsoon.[88]

---

[87] Cuthmaan Khamiis (2006).
[88] Ixsaan I. Dahiir (1995).

QAYBTA SADDEXAAD:
Qorshaha Shiicada ee Dunida Muslimka

Arrimahaasu waxay muujinayaan in Shiicadu ka dambeysey dilkii iyo ku xad-gudubkii Aalu Beytka, mar walbana ay iyagu diyaarinayeen sidii loo shirqooli lahaa. Dhammaan Cali rc iyo awlaaddiisuba waxay qireen inay mar walba u ballanqaadayeen inay taageerayaan, xaaladdu marka ay xumaatona ay garabkooda ka baxayeen. Arrimahaasu waxay caddeyn u yihiin inaanay dhab ka aheyn jaceylka Aalu Beytka ee ay sheeganayaan. Wuxuu ahaa gabbaad ay doonayeen inay ku dhuuntaan, diintana kula dagaallamaan, ummad badan oo caamo ahna ay ku marin-habaabiyaan.

Horey ayaan u soo xusney gacantii uu Ibnu Calqamiyi siiyey Tataarkii dawladdii Islaamka burburiyey. Dhanka kale, dagaalkii saliibiyiinta ee ay dhul ballaaran oo muslimiintu leeyihiin ay kiristanku ku qabsadeen, Quddusna ay ka mid aheyd, shiicadu waxay hiil iyo hooba la garab-istaagtey cadowgii muslimiinta ku soo duuley. Waa godka ay ku dhuuntaan sanaadiqada iyo diinlaawayaasha si ay dantay rabaan uga fushadaan.

Muslimiinta waxay ku dhexfaafiyaan caqiido xun iyo in Alle cid aan aheyn la caabudo. Waxay dadka ugu yeeraan in la caabudo madaxda, lana barakeysto qubuuraha. Shiikh Ibnu Taymiyah wuxuu caddeeyey inay shiicadu ugu horreysey qolo dejisa axaadiista tilmaameysa in qubuuraha loo safro.[89] Waxay bulshada ku dhexfaafiyaan Shiicannimo iyagoo adeegsanaya magacyo iyo qaabab kala duwan. Mar waxay qaataan magacyo hay'ado samafal, marna shirkado ganacsi, safaaradaha ay dunida ku leeyihiinna waxa ugu weyn oo ay qabtaan waxaa ka mid ah fidinta shiicannimada.

Qaar culimadooda ka mid ah ayaa sheegta inay Ahlu Sunna yihiin, una nasab-sheegta mad-hab gaar ah si ay isugu qariyaan, uguna fududaato inay diinta hoos ka dumiyaan.

---

89 Axmed Bin Cabdulxaliim, Ibnu Taymiya (nd).

Ilaa hadda way jiraan kuwo sheegta inay Sunno yihiin laakiin xambaarsan aragtidii Shiicada. Al-Qifaariyi (1994) wuxuu xusay qoraa sheegta inuu Sunno yahay oo si bareer ah u weerarey saxaabada. Si gaar ah wuxuu u soo qaatey Mucaawiye, rc, wuxuuna yiri, "wax kasta oo laga sheego Mucaawiye, iyo si kasta oo culimada mad-habka Salafiga ah ee dambe iyo qaar Ahlu Sunnada ka mid ah ay ugu daraan safka saxaabada Rasuulkii Alle, ninkaasu marna ma rumeyn Islaamka." Dhanka kale wuxuu ka ammaaney Raafidada, wuxuuna ku sheegay inay, guud ahaan, yihiin dad muslimiin dhaba ah.[90]

Bulsho badan ayey raggaasu marin-habaabiyeen, qaar bulshadaa la khaldey ka mid ahina waxay gaareen inay inkiraan jiritaanka wax la yiraahdo muslimiin sunni ah iyo kuwo shiico ah. Tabaha shiicadu bulshada u isticmaasho dadka qaarba meel ayey u joogtaa. Marka hore waxay ku soo galaan jaceylka Aalu Beytka, kaddibna waxay buunbuuniyaan dulmigii loo geystey qaar ka mid ah, sida dilkii Xuseen, rc. Taa kaddib, waxay isweydiiyeen dadkii dulmigaa Aalu Beytka u geystey iyo waxa ay uga dan lahaayeen.

Haddii qofku halkaa soo gaaro, waxaa loo bilaabaa ka hadalka gefafkii reer Banii Umaya ka dhacey, ilaa la gaarsiiyo in diintooda la duro. Waxaa xiga in islaannimada laga saaro, iyagoo ka soo bilaabaya Macaawiye, rc. Intaa ruuxii aqbala waa qof dabinkoodii ugu dhacay, waxaana fudud in lagu qanciyo in saxaabada inteeda kalena ay reer Banii Umaya dulmigaa ku taageereen, dhowr qof mooyaane. Wax-ka-sheegga Mucaawiye waa albaabka laga galo duridda saxaabada inteeda kale. Arrinku wuxuu ku soo gabogaboobaa in saldhigga dulmigaas uu ahaa boobkii madaxtinnimadii Aala Beytka loo dardaarmey. In Abuu Bakar, Cumar iyo Cuthmaan, rc aanay xaq u laheyn hoggaanka muslimiinta,

---

90   Al-Qifaariyi, Naasir Bin Cabdullaahi , (1994).

ruuxii loo dardaarmeyna uu ahaa Cali Bin Abii Daalib, rc. Sidaa darteed, saxaabada oo dhan, dhowr qof mooyaane, waxay isku garabsadeen inay Aala Beytka dulmiyaan.

Waxaa isoo gaartey dhallinyaro ay marin-habaabiyeen raggaas boorka isku qarinaya ee sheegta inay Sunni yihiin, laakiin xambaarsan caqiidadii shiicada. Waxaa ka mid ah nin Falastiin u dhashay oo ku nool waddanka Osteriya oo la yiraahdo Cadnaan Ibraahiim. Waa nin sheegta inuu sunni yahay, caadona ka dhigtey duridda Shareecada Islaamka, si aan gabbasho laheynna wax uga sheega saxaabada. Wuxuu si gaar ah u weeraraa Caa'isha, Xafsa iyo Mucaawiye. Wuxuu duraa culimadii Salafka, wuxuuna caddeystey inaanu aqoonsaneyn cilmigoodii, sida Bukhaari iyo Muslim. Marmar wuxuu ku andacoodaa inaanu sunni aheyn, shiicina aheyn cid uu u nasab-sheegtona aaney jirin.[91]

Waxaa la mid ah, culimo badanina ay ka hadleen nin u dhashay Sucuudi oo la yiraahdo Xasan Al-maaliki. Wuxuu isaguna wax ka sheegaa oo duraa saxaabada, kuwo badanna wuxuu u diidey inay saxaabo yihiin. Wuxuu ka biyo-diidey fadliga Abuu Bakar, rc uu saxaabada inteeda kale la dhceraa, iyo weliba inuu mudnaa madaxtinnimada muslimiinta.[92]

In badan,xilligii hore dadkii shiicannimada qaatay ma rumeysneyn diinta Islaamka, umana soo galin jaceyl iyo Alle ka cabsi, laakiin cadaawad iyo naceyb ay Islaamka u qabeen. Sidaa awgeed ayuu Cali Bin Abii Daalib qaarkood u gubey, qaarna uu u musaafuriyey, sida C/llaahi Ibnu Saba' iyo C/llaahi Ibnu Yasaar. Waxay doonayeen inay diinta gudaha ka dumiyaan oo ay dhalan-rogaan sidii uu Buulis Ibnu Yuushac, oo Yuhuud ahaa uu u dhalan-rogey diinta kiristanka.[93]

---

91 Cuthmaan Al-Khamiis (2012).
92 Cabdulmuxsin Bin Xamad Al-Cabbaad (1423).
93 Ibnu Taymiyah, Axmed Bin Cabdulxaliim (1986).

Shawkaani, isagoo ka hadlaya dhibka ay bulshada ku hayaan ayuu sheegay inaan Raafido la aammini karin. Qof kasta oo aan haysan caqiidadooda si kasta oo ay dhiiggiisa iyo sharaftiisa ku banneysan karaan ka gaabin maayaan, waayo agtooda qofkaas dhiiggiisu waa bannaan yahay. Wax kasta oo wanaag iyo lexejeclo ah oo ay muujiyaan waa isqarin iyo been. Kaddib shiikhu wuxuu sheegay qaar badan oo iyaga ka mid ahaa oo muujisan jirey wanaag, dadkuna ku jeclaysteen, laakiin gadaal laga ogaadey xumaanta iyo shirqoolka ay bulshada u maleegi jireen.[94]

Qorshaha iyo siyaasadda u degsani isma beddelaan, mar walba oo ay fursad u helaan waxyeellaynta muslimiinta kama labo-labeeyaan. Waa siyaasad ku dhisan dil, dhac, fasahaadin iyo isballaarin. Uma baahna caddeyn iyo soo xigasho toona, taariikhdoodii hore iyo xilligan la joogo waxa dunida muslimka ka socda ayaa ka markhaati kacaya.

Dhacdooyinkii naxdinta lahaa ee dawladdii Safawiyiintu Iiraan iyo Ciraaq ka sameysey, kuwii aan ka dhicin ee dagaalkii Khaliijka, ilaa haddana ka socda waa marag-madoonto. Xasuuqa iyo dabargoynta ay Shaam ka wadaan, midka Yaman ka socda waxay muujinayaan cadaawadda iyo waxa Shiicadu la maaggan tahay Muslimiinta.

Ujeeddada ugu weyn ee qarsoon ee ay Iiran rabto inay gaarto waa soo celintii boqortooyadii Faaris, si ay aragtidaa u xaqiijisana waxay dejisey qorshe qarsoon, dusha korese magacyo Islaam ka wata. Waxay qorshahooda u bixiyeen soo celintii Wilaayatu Faqiih oo ah sida lagu gaari karo soo celintii dawladdii weyneyd ee Islaamka. Fuqahada ama culimada diinta ee Iiraan waxay leeyihiin awoodda iyo talada kama dambeysta ah, iyaga ayaana wakiil ka ah imaamkooda la sugayo, muslimiinta oo dhanna waxaa waajib ku ah inay

---

[94] Ash-Shawkaaniyi, Maxammed Bin Cali (1998).

QAYBTA SADDEXAAD:
Qorshaha Shiicada ee Dunida Muslimka

addeecaan. Aragtidaasu waa gundhigii kacaankii Iiraan, 1979 ee uu hoggaaminayey Khumeyni.

Aragtidaa dahsoon waxaa loo sameeyey hal-ku-dhigyo gabbaad looga dhigayo oo majaro-habaabin ah. Dhimbishaa qarsoon waxaa lagu hadoodilaa labo arrimood oo aasaas u ah siyaasadda Iiraan ee ku aaddan ummadda iyo dawladaha muslimiinta. Aragtida koobaad waxay leedahay in Iiraan loo aqoonsado inay tahay dawladda keliya ee Islaamka ah iyo bud-dhiggii muslimiinta, ummadda muslimiintana matasha, ciddii ka hortimaaddaana ay yihiin gaalo ama qawlaysato aan oggoleyn in dib loo soo celiyo dawladdii Islaamka. Ciddii aan u hoggaansamin faqiiha ama imaamka, waxaa saaran dawladda Iiran, af iyo addinba, inay ka hortagto. Si arrinkaa loo gaaro, waa in dawladaha Islaamka ah ee jira laga dhigo mid la afganbiyo iyo mid deggenaansho la'aan laga abuuro.

Aragtida kale waxay sheegeysaa, mar haddii Iiraan noqotay caasimaddii iyo halkii muslimiinta looga talinayey, inaaney jirin wax xuduud ah oo u dhexeeya dawladda Islaamka ah ee Iiraan iyo dawladaha kale ee muslimiinta. Sidaa darteed waa in la dhisaa dawlado Islaam ah oo hoos taga Iiraan, iyadoo la adeegsanayo qaabab kala duwan; kuwo doorashooyin loo maro, kuwo kacdoon hubeysan iyo mid aan hubeysneyn laga abuuro, sida Yaman, Lubnaan iyo Baxreyn. Arrinkaasu wuxuu gogol xaar u yahay dhisiddii dawladdii weyneyd ee Islaamka, xarunteeduna Iiraan tahay, kana amarqaadata imaamka iyo faqiiha dawladda Iiraan. [95]

Si ay uga dhabeeyaan riyadooda fidinta mad-habka shiiciga oo ay rabaan inay ku gaaraan soo celintii imbiraadooriyaddii Faaris, waxay dejiyeen qorshe iyo tillaabooyin kala horreeya. Waxay naf iyo maalba ku bixiyaan sidii ay u faafin lahaayeen shiicannimada, xarunta Islaamka looga taliyona ay uga dhigi lahaayeen Iiraan. Booska iyo maqaamka Makka

---

[95] Cabdulsataar Ar-Raawiyi (2012).

Al-Mukarrama leedahay waa in laga qaadaa oo lagu beddelaa magaalada Qum oo ay ugu yeeraan "Ummul Quraa", caasimaddii Islaamkana laga dhigaa.

Hindisahaa cad ee ay Iiraan leedahay, oo ay ku rabto inay dunida muslimka saldhig ugu noqoto, waxay u martaa siyaasad ku dhisan labo tiir; inay mabda'a shiicannimada dunida Islaamka ku faafiyaan, xoog iyo xeelba, iyo inay bulshada ka dhaadhiciyaan inay difaacaan Ummul Quraa oo ay uga jeedaan, guud ahaan Iiraan, gaar ahaanna magaalada Qum. Difaaca Ummul Quraa, ama Qum, waxay uga jeedaan in dadku qaato mabda'a shiicada, una gargaaraan, lana burburiyo mabda'a Sunniga. Sidaas darteed, ayuu Khumeyni wuxuu ku tilmaamey dhisiddii dawladdii uu ugu yeeray "Dawladda Islaamka Iiraan" inay tahay tallaabadii ugu horreysey ee dhidibbada loogu taagi lahaa dawladdii weyneyd ee muslimiinta oo dhan u talin laheyd, dawladdii Ummul Quraa, caasimadna ay u tahay Qum.[96]

Iiraan arrimahan waxay u degsatey qorshe iyo waqti ay ku fuliso, kuna gaarto himiladeeda isballaarineed; dhan caqiido iyo mid dhuleed. Waxaa si sir ah lagu helay qorshe lagu magacaabey "Al-Khudatu Al-Khamsiiniyah Li'aayaati Ash-Shiiciyah Fil Iiraan." Qorshaha kontanka sano ee hoggaamiyeyaasha shiicada Iiraan oo loogu talogalay in lagu gaaro yool loo muddeeyey konton sano. Kontonkaas sano waxay Iiraan ugu talogashay inay isku ballaariso jasiiradda carabta, dhul ahaan iyo mabda' ahaanba, una sii gudubto waddammada kale ee muslimiintu deggen yihiin.[97]

Iiraan waxay dooneysaa inay dunida muslimka u noqoto xaruntii looga talinayey, iyadoo isku dayeysa inay adeegsato adeegyada afarta dhidib lagu sheego ee ay reer Galbeedku dunida ku xukumaan. Waxay hormarisey awooddeeda ciidan,

---

96 Maxammed Jawaad Laarijaani. (2013).
97 Qismu Ad-diraasaat Al-Mawqic Ar-Raasid. (2009).

QAYBTA SADDEXAAD:
Qorshaha Shiicada ee Dunida Muslimka

suuqyada hubkana way ka muuqataa iyadoo adeegsaneysa tabaha dadka hubka la isugu dhiibo, sidoo kalena cadowgeeda kala dagaallanta inay awood milateri yeeshaan. Taasi waxay u fududeyneysaa inay dhulka meesha ay doonaan ay dagaal ka oogaan, ciddii ay rabaanna ay guusha siiyaan. Waxay kobcisey ilaheeda wax-soo-saar sida shidaalka iyo wixii la mid ah si ay u hesho awood dhaqaale oo ay ku fuliso qorshaheeda. Inay isku daydo inay hay'adaha Qaramada Midoobey ay u adeegsato siyaasadeheeda arrimaha dibadda, sida la dagaallanka argagaxisada, iwm. Tan afraad, aragtidan cusub ee cawlama inay daneheeda dhaqaale, istitaatiiji iyo midda siyaasadeed u isticmaasho.[98]

Qorshaha kontonka sano ee Iiraan wuxuu bilowdey sannadkii 1980, waxaana loogu talogaley in sannadka 2030 mabda'a shiicadu noqdo mid si qumman ugu faafa, guud ahaan dunida muslimka, gaar ahaan kuwa carabta[99].

Siyaasaddaasi waxay ka bilaabantey Ciraaq, halkaas oo ay deggen yihiin bulsho ballaaran oo shiico ah, goobo badan oo ay weyneeyaanna ay ku yaalliin, sida Saamaraa iyo Najaf. Wejiga hore ee qorshaha waxay ku bilaabeen inay hagaajiyaan, si muuqaal kore ah, xiriirka waddammada dariska la ah sida Ciraaq, Khaliijka, Turkiga, Afgaanistaan iyo Bakistaan, si dhexgalku ugu fududaado, looguna beeri lahaa dad iyaga raacsan; diin ahaan iyo siyaasad ahaanba.

Arrinkaa markuu hirgalo, dadna ay ku yeeshaan, waxay dejiyeen saddex tallaabo; in dhulkaa la dego, guryo iyo boosas laga gato, nololna laga abuurto. In xiriir wanaagsan lala yeesho dadka bulshada ka muuqda, sida maalqabeenka iyo madaxda. In waddammada qaar laga abuuro tuulooyin, ama la nooleeyo kuwo sii baabba'aya, halkaana lagu beero dad shiico ah. Marxaladda saddexaad, marka ay xoogeysato

---

98   Cabdalla An-Nafiisiyi (2011).
99   Islammemo. (2013).

kalsoonida iyo xiriirka ay la leeyihiin maalqabeenka iyo madaxda waddanka, inay abuuraan khilaaf iyo iska-horimaad madaxda iyo dadka ehludiinka ah ee sunniga ah, iyagoo isku muujinaya inay madaxda daacad u yihiin, garabna taagan yihiin.

Dabkaa ay huriyeen, marka uu keeno dagaal iyo qax, inay ka faa'iideystaan, dadkana si fudud ay dhulka iyo guryaha ugala wareegaan. Arrinkaasu meelo badan oo Siiriya iyo Lubnaan ah ayuu ka dhacey. Xaaladdaa marka waddanku gaaro, dawladduna tabardhigto, inay si fudud majaraha ula wareegaan.[100]

Duullaankii Ciraaq wuxuu Iiraan u ahaa furasho, aad ayeyna u soo dhoweysey, gacan weynna wey ku laheyd. Ujeeddooyinka ugu waaweyn ee ay Ciraaq ka laheyd waxaa ka mid ahaa inay ka nabadgasho handadaad dambe oo uga timaadda dhanka Ciraaq, haddii ay ahaan laheyd mid milateri, mid dhaqaale iyo mid diineed. Ciraaq waxay u arkeysey caqabadda ugu weyn ee hortaagan faafitaanka caqiidada iyo siyaasadda isballaarinta ee Iiraan.[101]

Waxay u sii gudbeen oo ay ku xijiyeen dawladaha Khaliijka, gaar ahaan Baxreyn oo ay tiro shiico ahi ku nool yihiin. Lubnaan gacan xoog leh ayey Iiraan ku yeelatey iyagoo adeegsanaya Xisbullaah. Suuriya, dagaalka ka hor ayey bilaabeen inay ku beeraan shiico badan iyagoo adeegsanaya xoolo iyo marin-habaabin dadka maatada ah. Yaman waxay u mareen Xuuthiyiinta, iyagoo qorsheystey inay Yaman Xuuthiyiinta ku qabsadaan.

Waddammada carabta ee Waqooyiga Afrika, waxay ka galeen dhanka dadka saboolka ah, iyagoo maal badan ku bixiyey sidii ay dadka ugu qancin lahaayeen inay mabda'a

---

100 Haadif Ash-Shamriyi. (1429H).
101 Bongers, R. (2012/13).

shiicada qaataan. Waddammada qaar waxaa ka aasaasmey hay'ado ay sameysteen dadkii la shiiceeyey, si aan qarsi laheynna dadka ugu yeeraya, ilaa Liibiya uu ka soo baxey sarkaal ciidammada ka mid ahaa oo ku baaqaya in la soo nooleeyo dawladdii Faadimiyiinta ee waqti hore dhulkaa ka talin jirtey.

Afrikada Bari waxay ka mid noqotay meelaha ugu sahlan ee lagu faafiyo mabda'a shiicada. Sidoo kale, si fudud ayuu mad-habka shiicadu ugu faafey koonfur-bari Aasiya, sida Induuniisiya, Malaysiya iyo Filibbiin, taas oo ay inta badan keentay dadka oo aan aqoon badan u laheyn mabda'a shiicada. Kumaankun ardey ah oo u badan Afrika iyo Aasiya ayey deeq waxbarasho siiyeen, si ay waddammadoodii ugu noqdaan iyagoo xanbaarsan mabda'a shiicada[102].

Marin-habaabinta kale ee ay Iiraan adeegsato waxaa ka mid ah inay isku tusto inay ka soo horjeeddo duullaanka reer Galbeedka iyo dulmiga Yuhuuddu ku hayso waddammada muslimiinta ah, gaar ahaan Falastiin. Iiraan waxa ay dadka maqashiiso ee dhalleeceynta yuhuudda ah iyo siyaasaddeeda dhabta ahi way kala duwan yihiin. Iiraan si hoose ayey xiriir xeeldheer ula leedahay yuhuudda, afkana waxay ka sheegtaa inay ka soo horjeeddo dawlad yuhuud ahi inay dhisanto, marmarna waxay ku baaqdaa in yuhuudda dhulka laga tirtiro. Sidoo kale, ayey yuhuuddu cadaawad inay u qabto Iiraan muujisaa, dhanka kalena ay u marag-furaan Iiraan, iyagoo si qayaxan u sheegay inay yihiin labo dal oo aan weligood kala maarmin, kalana maarmi doonin. Si cad ayey madaxdoodu u caddeysey inay Iiraan tahay saaxiibka ugu wanaagsan ee Israa'iil, oo aaney weligood ku soo dhicin inay wax ka beddelaan xiriirka adag ee iyaga iyo Iiraan, sidaana waxaa si cad u sheegay Yitzhak Rabin.[103]

---

102 Haadif Ash-Shamriyi. (1429H).
103 Trita Parsi (2008).

Dhanka Afrika, laga soo bilaabo kacaankii Iiraan, xiriirka ka dheexeeya Afrika iyo Iiraan heerar ayuu soo marey, heer walbana ay siyaasad gaar ah xoogga saareysey. Madaxweyneyaashii soo maray Iiraan, sida Rafsanjaani, Khaatami iyo Axmed Najaad, mid walba wuxuu meelo Afrika ka mid ku tagey booqasho. Waxay Afrika ka lahaayeen aragti siyaasadeed, mid dhaqaale iyo mid diineed. Waxay xoogga saareen inay xoojiyaan xiriirka Afrika iyo Iiraan, kana faa'iideystaan suuqa ballaaran ee Afrika, sidoo kalena ay suuq-geeyaan mabda'ii asaasiga ahaa ee tawrada ee ahaa fidinta mad-habka shiicada.

Goobo badan oo Afrika ah waxay ka fureen jaaliyado shiico ah sida, Tansaaniya, Kenya, Sinigaal, Nayjeeriya, Saambiya, Kamaruun, Beenin, Soomaaliya, Marooko, Aljeeriya, Jusur Qamar iyo meelo kale. Faafinta mabda'a shiicada waxay u adeegsadaan oo ka faafiyaan masaajidda, jaamacadaha iyo Xarumaha dhaqanka (المراكز الثقافة).[104]

Siddeetameeyadii qarnigii hore waxaa Nayjeeriya ka soo ifbaxay dhallinyaro ay madax-martey ololihii kacaankii Iiraan 1979. Waxay aasaaseen urur ay ku magacaabeen 'المنظمة الاسلامية في نيجيريا`. Wuxuuururkii isku beddeley mid siyaasi ah oo matala shiicada Nayjeeriya, xiriir adagna leh Iiraan iyo Xisbullaah. Waxaa ururka lagu naynaasaa Xisbullaahigii Nayjeeriya marka la eego xiriirka adagee ka dheexeeya iyaga iyo Iiraan. Wuxuu noqdey dawlad ka hoos dhisan dawladdii Nayjeeriya, taas oo keentay iska-horimaad dhexmara iyaga iyo ciidammada dawladda Nayjeeriya. Waxay si aan qarsi aheyn u oogaan ciidaha gaarka u ah shiicada, sida 10-ka bisha Muxarram oo ay sameeyaan baroordiiq ku saabsan dilkii Xuseen.[105]

---

104 Sharif Shacbaan Mabruuk .(2014).
105 Fiiri lifaaqa koobaad

QAYBTA SADDEXAAD:
Qorshaha Shiicada ee Dunida Muslimka

Dawladda Iiraan waxay siisaa gargaar dhan walba ah, waana waddanka ay rabto inay ka dhigato goobtii ay mad-habka Shiicata uga faafin laheyd Afrika. Xog ay faafiyiin hay'adaha warbaahintu waxay sheegeen inay Iiraan dhaqaale xoog leh ku bixiso tababar ciidan oo ay siiso kumannaan ururkaa u nasab sheegta, iyadoo adeegsaneysa safaarradda ay ku leedahay Nayjeeriya. Cidammadaa waxaa loogu talo galey in loo diro Siiriya si ay u garabsiiyaan maamulka shiiciga ah ee Bishaar Al-asad. Qiyaasta shiicada Afrika oo lagu sheego ilaa toddoba malyan, shan malyan oo ka mid ahi waxay ku nooshahay Nayjeeriya.[106]

Dhanka Afrikada Bari, Iiraan waxay ku leedahay saldhig ciidan oo ballaaran jasiiradaha Dahlak ee ku taal Ereteriya.[107] Saldhiggaa waxay ku tababartaa ciidammo shiico ah oo ay ugu talogashay inay ka hawlgalaan Bariga Dhexe, gaar ahaan Sacuudiga iyo Yaman iyo Bariga Afrika. Jabhadda shiicada ah ee Yaman ka dagaallanta oo ay Xuuthiyiintu hoggaamiyaan, lagana soo uruuriyo wadammada Khaliijka ilaa Ciraaq, waxay isugu keentaa magaalada Sacda ee xarunta u ah Xuuthiyiinta. Baabuur ayaa looga qaadaa Sacda, waxaana la geeyaa dekedda Maydi oo ku taal Badda Cas ee Yaman, halkaas oo ay maraakiibta Iiraan ka qaadaan oo ay geeyaan saldhigga jasiiradda Dahlak. Ciidammadaa markii tababarka loo dhammeeyo, tababarkaa oo isugu jira mid ciidan, mid maamul, mid dacwo, iwm, qolo walba waxaa loo diraa halkii loogu talogalay.[108]

Xilligii uu dhashay kacaankii Iiraan ee uu Khumeyni hoggaaminayey, Soomaaliya waxaa ka jirey dawladdii Kacaanka. Labada dawladood waxaa ka dhexeeyey xiriir dumlamaasi, laakiin ma jirin xiriir bulshadeed iyo mid dhaqan oo labada bulsho ka dhexeeyey. Soomaaliya waxay

---

106 Aljazeera. (2015).
107 Fiiri Lifaaqa Labaad
108 Cabdalla An-Nafiisiyi (2013).

ka mid aheyd jaamacadda Carabta, dagaalkii Ciraaq iyo Iiraanna waxay taageero buuxda siisey Ciraaq. Dhallinyaro badan oo Soomaali ah oo naftood-hurayaal ah ayaa dagaalka ka qaybgaley, qaarkoodna maxaabiis ahaan loo qabtey.[109]

Burburkii dawladdii Soomaaliyeed kaddib, Iiraan waxay bilowdey inay muujiso taageero ay u hayso shacabka Soomaaliyeed iyadoo mar walba caddeyn jirtey inay ka soo horjeeddo farogelinta shisheeye ee waddanka lagu hayo. Mar kasta waxay muujin tirtey inay hiil iyo hooba la barbar taagan tahay kacdoonkii hubeysnaa ee waqtiyada kala duwan soo baxay, sida Maxkamadihii Islaamka ee sannadkii 2006.

Siyaasaddeeda ku wajahan Soomaaliya wuxuu soo shaax baxay sannadkii 2011 markii abaaraha ba'ani ay waddanka ka dheceen. Waxaa bishii Ogosto 2011 safar ku yimid Soomaaliya wasiirkii arrimaha dibadda ee Iiraan, Cali Akbar, wuxuuna ballan qaadey inay dhisayaan xero qaxooti oo ay dadka soo barakacay degaan iyo isbitaal weyn, dhanka waxbarashadana ay ka caawin doonaan. Safarkiisii labaad ee sannadkii xigey wuxuu shaaciyey inay safaarad ka furan doonaan Muqdisho.[110]

Furitaankii safaaradda, waxaa xigey inay xafiisyo ka furtaan hay'adda Bisha Cas ee Iiraan iyo Hay'adda samafalka ee Khumeyni. Labada dawladood ee Soomaaliya iyo Iiraan waxay kala sixiixdeen heshiis dhigaya in la lammaaneeyo labada baarlamaan, dawladda Iiraanna ay ugu deeqdo xubnaha baarlamaanka Soomaaliya iyo qoysaskooda caafimaad bilaash ah inay u tagaan Iiraan.[111] Sidoo kale, waxay Iiraan guddaha ka bilowdey dhaqdhaqaaq xooggan iyadoo adeegsaneysa hay'adaha samafalka iyo safaaradda.

---

109 Fahad Yaasiin. (2015).
110 Markazu Al-aema. (2015).
111 Fahad Yaasiin. (2015).

Qaybta Afraad:

SOOYAALKII
SHIICADA EE GEESKA AFRIKA

GEESKA AFRIKA oo lagu tiriyo dadyowgii ay diintu soo gaartey xilligii Nabi Maxammed NNKA uu noolaa, waxaa soo marey maamullo badan oo kala duwan. Waxaa ka jirey hardan xagga diinta ah, kii ugu caansanaana waxaa lagu sheegaa kii Axmed Gurey uu la galay boqortooyadii Xabashida. Mad-habtii ay haysteen muslimiintii geyigaa degganaa wuxuu ahaa midka Sunniga.

Dhanka kale, Geeska Afrika wuxuu ahaa goob looga dhuunto dagaalladii iyo hardankii siyaasadeed iyo mabda' ee sida isdaba-joogga ah uga jirey jasiiradda Carabta, gaar ahaan kii muslimiinta dhexmarey. Bulshooyin dhalasho ahaan iyo caqiido ahaanba kala duwan ayaa Geeska Afrika ku yimid qax, arrimo ganacsi iyo nolol-doon. Dadyowgaasu waxay isugu jireen carab, beershiyiin iyo kuwo Aasiya ka yimid. Ummadahaa siyaabaha kala duwan ku yimid waxaa ka mid ahaa kuwo haysta mad-habka shiicada oo meelo kooban oo Bariga Afrika ka mid ah degey.

Taariikhda miilaadigu markii ay aheyd 739, waxaa qax ku yimid Geeska Afrika dad ka soo cararey Gacanka Beershiya. Dadkaas waxaa ka mid ahaa kuwo shiico ah, gaar ahaan qaybta Zaydiya oo ka soo bara-kacay dagaallo deegaankoodii ka dhacay. Sannadkaasu wuxuu ahaa sannadkii la diley Sayd Bin Cali oo ay kooxdani ku abtirsato. Kooxdaasi waxay deegaan ka dhigteen xeebaha Banaadir, ilaa muddo ku siman 200 oo sano ayey deggenaayeen. Waxay u sii faafeen dhanka Koonfureed iyo dhulka miyiga ilaa ay ku dhowaadeen dhulbaraha, waxayna is-dhexgaleen oo isguursadeen dadkii afrikaanka ahaa ee dhulkaa deggenaa.[112]

Labo qarni kaddib, qaxooti ay hoggaaminayeen toddobadii wiil ee suldaankii reer Shiiraas, iyagoo wata toddoba doomood, waxay soo gaareen xeebaha Koonfureed ee Soomaaliya iyagoo ka soo qaxay gacanka Beershiya. Kooxdani waxay ahaayeen carab, intooda badanina rag ayey ahaayeen. Arrinkaasu wuxuu keenay inay isguursadaan dadkii Afrikaanka ahaa ee ay dhulka ugu yimaadeen. Dhammaadkii qarnigii 12aad ayey isku ballaariyeen dhanka Koonfureed ilaa ay ka gaareen magaalada Kilwa oo aheyd magaaladii deegaankaa ugu caansaneyd qarnigii 14aad. Waxaa abuurmey luqad iyo dhaqan ka kooban mid carbeed, beershiya iyo Afrikaan, waxaana dastuur u ahaa Islaam Sunni ah, (Central institution of this new culture was orthodox, or Sunni, Islam).[113]

Dhanka kale, aragti kale oo kuwaa ka duwan ayaa sheegaysa in dadkaas oo dhan looga horreeyey Bariga Afrika. Sannadkii 83H/702 ayaa carab ka soo qaxday Cummaan oo ay hoggaaminayeen labo walaalo ah oo xilligaa boqorro Cummaan ka ahaa, lana kala oran jirey Suleymaan iyo Saciid

---

112 Cali C. Xirsi, 1977.
113 August H. Nimtz (1980).

QAYBTA AFRAAD:
Sooyaalkii Shiicada ee Geeska Afrika

gaareen xeebaha Kenya, sida Laamu, dawladna halkaa ka dhiseen.[114]

Neville (1965) wuxuu xusay in Muqdisho laga helay calaamado muujinaya in bulshooyin kala duwan ay deegaankaa soo mareen. Dhagax-qabriyeed ay ku qoran yihiin magacyada cidda ku aasan ayaa laga helay. Mid waxaa ku qornaa qof magaciisa dambe uu ahaa Al-Khuraasaani sannadkii 614 hijrada oo u dhiganta 1217 miilaadiga, wuxuuna muujinayo inuu Beershiya (iyo hareeraheeda) ka soo jeedo. Qabri kale waxaa ku qornaa qof la aasey 660 hijriga. Taariikh kale waxaa laga helay munnaaradda masjidka weyn oo aheyd 1269 miilaadiga, waxayna u eg tahay in waqtigaa la dhisay. Isla taariikhdaa hore (1269) waxaa lagu arkey masjidka Arbaca Rukun, waxaana ku qoran magaca Khusran Bin Maxammed Al-Shiraasi. Arrinkan dambe wuxuu muujinayaa dadkii deegaanka soo maray inay ka mid ahaayeen dadkaku abtirsada Shiraas.

Sharif (1992) oo macallin ka ahaa jaamacadda Daarusalaam, Tansaaniya, wuxuu waafaqayaa in reer Shiiraas ay ka soo qaxeen Beershiya ayna qax ku yimaadeen xeebaha geeska Afrika qiyaastii 1009 miilaadiga. Wuxuu sheegay in suldaankii dhulkaa ka talin jirey oo la oran jirey Cali Bin Xasan iyo lix wiil oo uu dhalay ay soo baro-keceen isagoo sabab uga dhigay in suldaanka hooyadi oo aheyd addoon reer Abasiiniya ah lagu ceebeeyey, culayskaa dartina uu u soo qaxay.

Muuse Bin Khamiis (2013), isagoo soo xiganaya qoraaga Al-Muqiiri, wuxuu ka shakisan yahay jiritaanka dad Faarisiyiin ah oo uu hoggaaminayo suldaankii reer Shiiraas Cali Bin Xasan, dhidibbadana u taagey magaalada Kilwa.

---

114 Muusa Bin Khamiis Al-Buusaciidiyi. (2013).

Iyadoo muran weyn ka taagan yahay jiritaanka reer Shiraaz, sidaan wax ka xusney, gedaalna ka iman doonta, ayaa haddana la isku qabtey mad-habkooda. Sharif (1992) wuxuu qabaa inay shiico ahaayeen. Wuxuu soo xiganayaa taariikh yaqaan Boortaqiis ah oo la yiraahdo De Barros oo sheegay in magaalada Kilwa ay ka talin jireen suldaan Shiiraas ka yimid oo watey mad-hab ka duwan kii dhulka laga haystey (heterodox Islamic Sects). Sharif wuxuu halkaa ka qaatey inay shiico ahaayeen, isagoo malaha ka wada in mad-habka sunniga ah deegaankaa laga haystey, midka ka duwan ee yimidna uu shiico keliya noqon karo. Pouwels (1974) wuxuu tilmaamey in qoyskii la magac-baxay toddobada walaalaha ah ay ka soo qaxeen deegaanka Baxreyn, gaar ahaan Al ixsaa oo markaa hoostagi jirtey maamulkii Qaraamidada ee xilligaa dhulkaa ka talinayey. Su'aalo badan ayuu soo bandhigey oo muujinaya muran ka jira cidda ay mad-hab ahaan ka soo jeedeen.

Liiqliiqato (2000) wuxuu tilmaamey in reer Shiiraas aaney ka mid aheyn maamulladii Banaadir soo maray, waxayna ahaayeen koox yar, dadkii ka farcameyna ay deggen yihiin magaalooyinka Mombasa iyo Kilwa, waxaana lagu magacaabaa Afro-Shiraasi. Sidoo kale, wuxuu ka dhigay labo qolo oo kala duwan reer Shiiraas iyo toddobadii walaalaha aheyd, ama lixdii walaalaha aheyd iyo aabbahood ee aan soo xusnay inay qax ku yimaadeen xeebaha Geeska Afrika, una gudbeen meelo kale oo Bariga Afrika ah.

Sidoo kale, Cabdalla Mansuur (nd) wuxuu taageerayaa inay kala duwanaayeen labada qax ee ka kala yimid Al-Axsaa oo midkood ay hoggaaminayeen qoyskii toddobada walaalaha ahaa iyo kii deegaanka Shiiraas ka soo barakacey ee kooxda Faarisiyiinta ahi horkacayeen.

Cali (1977) wuxuu ku adkeysanayaa in reer Shiraas iyo toddobada walaalahi ahi ay isku dad yihiin, laakiin wuxuu

QAYBTA AFRAAD:
Sooyaalkii Shiicada ee Geeska Afrika

qabaa inaaney suurtogal aheyn in qoladaasi shiico aheyd. Dhowr sababood ayuu cuskanayaa. Midda hore, markii reer Shiiraas yimaadeen xeebaha Banaadir waxay riixeen Saydiyadii dhulka deggeneyd, sababtoo ah waxay ahaayeen kala mad-hab. Midda labaad, dhulka ay reer Shiiraas ka soo qaxeen waxaa xilligaa ka talinayey shiicadii Qaraamidada. Reer Shiiraas haddii ay Shiico ahaan lahaayeen kama soo qexeen, maaddaama Qaraamidadu ay shiico ahaayeen. Sidaa darteed, waxaa halkaa ka muuqda inay ahaayeen Sunni ka soo cararey cadaadiskii iyo dilkii Qaraamidaduku hayeen. Tan saddexaad, dhammaan badmareennadii yimid xeebaha Banaadir cid xustay ma jirto in shiico ka duwan Saydiya ay dhulkaa timid.

Liiqliiqato (2000), isagoo xusaya maamulladii Banaadir soo marey, wuxuu sheegay in qarnigii sagaalaad ay afar qoys oo carab ah, kana soo cararey dhibaatadii shiicadu ku haysey Xijaaz ay soo degeen Banaadir. Afartaa qoys waxay dhisteen maamul ay wadaagaan, laguna magacaabey afarta kursi ee Xamar. Maamulkaasu ilaa qarnigii 13aad ayuu soo gaarey, waxaana beddeley saldanadii reer Fakhradiin. Qarnigii 16aad ayey saladanadii reer Musafar xukunka la wareegtey.

Maamulladaa uu Liiqliiqato sheegay kuma jirto tii reer Shiiraaz, waxaase jirta waxyaabo muujinaya in dad deegaanka Shiiraas u nasab-sheegta ay xeebaha Banaadir soo mareen, sida aan ku soo xusnay magacii lagu arkay masjidka Arbaca Rukun.

Qaythaan (1995) wuxuu ku doodey in dadyowgii Jasiiradda carabta ka tagey ee degey Geeska Afrika ay u badnaayeen dad asalkoodu Carab ahaa. Isagoo si gaar ah u xusaya xeebta Banaadir, wuxuu sheegay in Saydiyiintii qaxay qarnigii Siddeedaad ee miilaaddiga, xilligii dawladdii Ummawiyiinta, ay degeen xeebaha Banaadir, muddo dheerna ay ku sugnaayeen. Dhulka kale ee xeebaha ah ayey ku sii fideen, dadyow badan oo Afrikaankii dhulka deggenaa ahna diinta ayey gaarsiiyeen.

Qarnigii Tobnaad ee miilaadiga ayaa dad badan waxay ka qexeen jasiiradda Carabta, gaar ahaan magaaladii la oran jirey Al-Axsaa oo caasimad u noqotay shiicadii Qaraamidada. Barakacaa waxaa ugu ballaarnaa kii ay horkacayeen qoyskii loogu magacdarey Walaalihii Toddobada ahaa. Qoyskaasu waxay ka soo jeedeen qabiilka Al-Xaarith ee carbeed. Barakacayaashan cusub waxay wateen doomo, si fiicanna way u hubeysnaayeen. Markii ay gaareen xeebaha Banaadir, xilligaana caan ku aheyd ganacsiga iyo nabadgelyada, waxaa dagaal hubeysani dhexmarey iyaga iyo Saydiyiintii dhulka uga soo horreysey. Dadka ay hoggaaminayeen Walaalaha Toddobadi ahi waxay ahaayeen Sunno haysta Mad-habka Shaaficiga, waxayna ku guuleysteen inay Saydiyiintii ku qasbaan inay ka qaxaan xeebaha, una durkaan dhanka koonfureed. Maamulkoodu wuxuu ku sii fidey xeebaha kale ee Geeska Afrika sida Marka, Baraawe ilaa ay ka gaareen Mombaasa.

Dhulkaa waxaa ka aasaasmey maamul wadaag ah oo u dhexeeyey Carab, Beershiya (Faaris) iyo Soomaalidii dhulka loogu yimid. Maamulkaasu wuxuu ka hanaqaadey magaalooyinka xeebaha ku teedsan. Sidoo kale, waxaa xeebaha Banaadir soo gaarey koox Faarisiyiin ah oo uu hoggaaminayo nin la oran jirey Cali Bin Xasan Ash-Shiiraasi. Kooxdan oo ciidan ahaan dhisneyd, waxaa u suurtogashay inay xeebaha Banaadir, Marka iyo Baraawe xoog ku qabsadaan, iyagoo ka faa'iideystey tabardarro iyo khilaaf soo dhexgalay maamulkii wadaagga ahaa. Muddo yar kaddib, kooxdaasu waxay u sii gudbeen magaalada Kilwa halkaas oo ay maamul iyaga hoos yimaada ka dhiseen.

Ibnu Batuuta sannadkii 1332 miilaadiga ayuu marey dhulka Soomaalidu degto, isagoo ka yimid dhanka Cadan.

QAYBTA AFRAAD:
Sooyaalkii Shiicada ee Geeska Afrika

Wuxuu ku sheegay kitaabkiisa Ar-Rixla in dadkii deggenaa inta u dhaxeysa Saylac iyo Muqdisho ay ahaayeen dad gibil madow oo haysta mad-habka Shaaficiga. Wuxuu xusay in dadkii deggenaa magaalada Saylac ay ka mid ahaayeen kuwo Raafido, shiico ah. Sidoo kale, Ad-dimashqi wuxuu sheegay in Berbera hal qarni ka hor xilliga uu Ibnu Batuuta booqdey ay deggenaayeen dad madow oo muslimiin ah oo isugu jira Shaaficiya iyo Saydiya.[115]

Sooyaalkaa taariikheed wuxuu muujinayaa in Geeska Afrika uu mar walba ahaa dhul cammiran dad ahaan iyo ganacsi ahaanba. Ummado badan oo sababo kala duwan ku yimid ayaa isaga dambeeyey, taasna waxay keentay inuu noqdo dhul taariikh leh. Laga soo bilaabo qarnigii koowaad ee hijriga, waxaa kordhayey dadka ka soo qaxaya jasiiradda Carabta. Dadkaasu waxay isugu jireen kuwo ku yimid arrimo la xiriira dhanka siyaasadda, qaar arrimo mabda' iyo diineed, kuwo ganacsi iyo nolol-raadis ku yimid iyo kuwo nabadgelyo doon ah oo ay soo barakiciyeen dagaalladii ka aloosmey Jasiiradda Carabta.

Dadkaas qaxootiga ah waxay ahaayeen kuwo muslimiin ah, dhulkana waxay keeneen diin, ganacsi iyo ilbaxnimo. Markii la tixraaco waxyaabaha dadkaa laga qorey, waxay muujinayaan in badidoodu ahaayeen dad carab ah, waxaana weheliyey kuwo faarisiyiin ah iyo kuwo Aasiya ka yimid.

Geeska Afrika, gaar ahaan magaalooyinkii xeebaha ku teedsan, waxay ka abuureen maamullo kala dambeeyey. Xeebaha Soomaaliya maamulladii ka aasaasmey dhammaantood waxay ahaayeen kuwo Sunni ah, haystana mad-habka Shaaficiga, marka laga reebo Saydiyadii muddada deggeneyd xeebaha Banaadir. Sidoo kale, qormooyinka laga sameeyey qaxii ay horkacayeen Toddobada Walaalaha ah, waxay xooggoodu tilmaamayaan inay ahaayeen carab sunni

---
115 Ibnu Bathuta (1992).

ah, haystana Mad-habka Shaaficiga. Waxaa muuqata in qorayaal badani ay isku khaldeen qaxii toddobada walaalaha ahi hoggaaminayeen iyo kii uu hoggaaminayey suldaankii reer Shiiraas Cali Bin Xasan oo lagu sheegay inay faarisiyiin ahaayeen. Sidaan soo xusney, qaar ka mid ah dadka taariikhda geeska Afrika wax ka qora waxay sheegeen inay muddo yar xeebaha Soomaaliya ku hakadeen, kaddibna ay u gudbeen magaalada Kilwa oo ay maamul ka sameeyeen. Dhanka kale, qoraayaal badan ayaa ganafka ku dhuftey jiritaanka dad shiico ah oo reer Shiiraaz la yiraahdo oo Geeska Afrika ka taliyey, sida aan horeyna wax uga xusney, gadaalna aan ugu tegi doonno. Sidoo kale, waxaa jirey dad shiico ah oo xilliyo kooban ku dhexnoolaa bulshadii Sunniga, Shaaficiga aheyd ee Soomaaliya, gaar ahaan kuwii muddada deggenaa magaalooyinka Saylac iyo Berbera.

Lagama qaadan karo in dadkii ka soo qaxay dhulka loo yaqaaney gacanka Beershiya oo ay ku hareeraysan yihiin xilligan waddammada Khaliijka, Ciraaq iyo Iiran inay faarisiyiin ahaayeen. Islaamka ka hor iyo xilligii Islaamku yimidba, dhulka Baxreyn waxaa deggenaa qabiilka reer Cabdiqays oo carab ah. Islaamka ka hor waxay ahaayeen kiristaan, kaddibna Islaamka ayey qaateen. Magaalada Shiiraas waxay caasimad u noqotay maamulkii reer Aala Buweyhid oo shiico ahaa Qarnigii 10aad ilaa dhexbartankii 11aad. Waxaa la sheegaa inay ka soo jeedeen mid ka mid ah boqorradii Faarisiyiinta. Kaddib waxay iksu ballaariyeen ilaa Baqdaad oo caasimad u aheyd dawladdii Islaamka ee Cabbaasiyiinta, waxayna saameyn xoog leh ku lahaayeen siyaasaddii maamulkii dawladda. Kaddib, Tataarkii ayaa magaaladii Shiiraaz qabsadey oo burburiyey[116].

Waxaa mudan in la xuso in bulshooyinkii dhulkaa deggenaa, laga soo bilaabo furashadii muslimiintu furteen

---

116 Ali Bin Saalih Al-Muxeymiid. (2011).

QAYBTA AFRAAD:
Sooyaalkii Shiicada ee Geeska Afrika

dhulkii ay ka talin jirtey dawladdii Faaris iyo deegaankii ku xeernaa, sida Khuraasaan iyo dhulkii loo yaqaanney Maa Waraa'a Nahar aaney Iiraaniyiin iyo Turki keliya aheyn. Ciidammadii dhulkaa furtey waxaa xoog ku lahaa, hoggaankana hayey muslimiin Carab ah. Laga soo bilaabo waqtigaa, carabtu si xooggan ayey u degtey, gaar ahaan qabiilooyinka Banuu Tamiim, Bakar Bin Waa'il, Cabdulqays, Banii Makhsuum, Ahlu Caaliya, iwm.[117]

Sidaa darteed, suurtogal ma ahan in loo qaato ciddii dhulkaa ay dawladdii Faaris ka talin jirtey ka timaaddaba inay faarisiyiin ahaayeen.

Dhan kale marka laga eego, xilliga la soo guuriyo inay soo qaxeen faarisiyiintii uu hoggaaminayey suldaankii magaalada Shiiraas, Cali Bin Xasan, waxaa dhulkaa ka talin jirey dawladdii Aalu Buweyhi. Waxay xarun u noqotey mid ka mid ah saddexdii walaalaha ahaa ee aasaasey maamulkaa oo la oran jirey Cali Bin Buwayhi. Waxay isku fidiyeen gobolka Faaris oo Shiiraas ay magaalo madax u aheyd, ilaa Ciraaq. Kaddib, salaajiqiyiintii oo Sunni Turki[118] ahaa ayaa xukunkoodii baabi'iyey. Maamulkii reer Buweyhi ee gobolka Faaris ka talinayey intii u dhaxeysey 932 ilaa 1055 miilaadiga waxaa u kala dambeeyey siddeed maamul, mid ka mid ah madaxdii soo martey oo magaca Cali Bin Xasan As-Shiiraasi lagu magacaabeyna kuma jirin.[119]

Madmadowgaa taariikheed wuxuu keenay in shaki la galiyo jiritaanka dad ka soo barakacay magaalada Shiiraas oo faarisiyiin ah. Lama hayo raadraacyo la taaban karo oo loo tiiriyo dhaqankii iyo caadaadkii reer Faaris oo ka dhex muuqda dhaqanka iyo luqadda bulshooyinka ku hadla luqadda sawaaxiliga, laakiin waxaa ka muuqda dhaqammadii

---

117 Al-cafnaan, Abdirahman, (1992).
118 Amiin Shaxaata. (nd).
119 Ali Bin Saalih Al-Muxeymiid. (2011).

laga dhaxlay carabtii deegaankaa degtey[120]. Aragtida hijrada faarisiyiin reer Shiiraas ah waa mid aan sal iyo baar laheyn, waa uun sheeko kutiri-kuteen ah oo aan dhaafsiisneyn bulshadii Afrikaanka aheyd oo aan tiirar adag ku taagneyn[121].

Xilligii uu booqdey Ibnu Batuuta magaalada Kilwa wuxuu sheegay inay aheyd magaalo weyn oo cammiran, guryaheeduna alwaax ka sameysnaayeen. Dad fool madow ayey u badnaayeen, suldaanka xukumaana wuxuu ka soo jeedey carab, waxaana la oran jirey Abuu Al-Mudfir Xasan, mad-habkooduna wuxuu ahaa Shaafici[122].

Ma xusin Ibnu Batuuta mad-hab kale oo dhulkaa ka jirey. Waxaa adag maamul muddo ka talinayey Kilwa in raadkiisu baaba'o, lagana waayo cid haysata mad-habkoodii.

Si kastaba ha ahaatee, raadad badan ayaa muujinaya jiritaanka kooxo Shiico ah oo ku noolaa geyiga Soomaalida, laakiin ku dhex baaba'ay bulshadii sunniga aheyd. Sheegashada Xushmo badan oo loo hayo Asharaafta iyo jaceylka Aalu Beytka, la bixidda magacyada Cali, Xasan, Xuseen iyo Faadumo oo bulshada Soomaalida ku badan waa astaamo muujin kara jiritaankii dad shiico ah. Sidoo kale, caadada dab-shidka, madax-shubka dumarka uurka lihi sameeyaan, dad xeebaha deggen oo qaarkood loo tiiriyo magaalooyin Iiran ku yaal sida qolada loo yaqaan reer Siraaf iyo Shaashi[123].

Qarnigii 19aad ayaa waxaa soo gaarey Geeska Afrika koox Shiico ah oo ka timid Aasiya, gaar ahaan Hindiya iyo dhulka ku xeeran. Kooxdii ugu horreysey oo ilaa 71 ruux ah, waxay ka yimaadeen gobolka Punjab, waxaana loo keenay inay ka shaqeeyaan dhismihii jidka tareenka xilligii Suldaan Siciid.

---

120 Strandes, J. (1968).
121 Allen, J. D.V. (1982).
122 Ibnu Bathuta (1992).
123 Cabdalla Mansuur (nd).

QAYBTA AFRAAD:
Sooyaalkii Shiicada ee Geeska Afrika

Qaarkood waxay ku yimaadeen qax,qaar kalena ganacsi iyo waxyaabo la xiriira. Magaalada Sansibaar ee Tansaaniya ayaa hoy u noqotay shiicadii ugu horreysey ee dhulkaa soo gaartay.Waxay ahaayeen kooxda Ithnaa Cashariya (Raafida) loo yaqaan, waxayna ka soo jeedaan bulshada loo yaqaan Khuuja, kuwaasoo degganaa Hindiya.[124]

Magaca Khuuja waxaa lagu magacaabi jirey, sida uu sheegay Fawsi Aala Sayf oo ka mid ah culimada Shiicada Sucuudiga ee gobolka Qadiif hindidii Islaamka qaadatey, qaybtay doonaan ha noqdeene; Sunni iyo Shiico. Bilowgii hore Shiicada Khuuja waxay ahaayeen Ismaaciiliya, laakiin xilli dambe ayaa ganacsato ka mid aheyd waxay safar ku tageen Karbala, waxayna ku qanceen fikirka Raafidada, kaddibna markii ay dib u noqdeen ayey ku dhex faafiyeen dadkii reer khuuja ee Ismaaciiliyada ahaa. Khilaaf dhexmarey kaddib, waxay dadkii reer Khuuja ee qaatey fikirka Ithnaa Cashariga u haajireen Bariga Afrika, gaar ahaan Tansaaniya iyo Kenya. Waxay la baxeen magaca, Khuuja Shiica Ithnaa-Cashari (Khoja Shia Ithna-Asheri).[125]

Sida uu qabo Balkat Walji (2014) dhammaadkii qarnigii 19aad iyo bilowgii qarnigii 20aad abaaro, cudurro iyo nolol raadis darteed waxay bilaabeen bulshadii reer Khuuja inay ka qaxaan Hindiya, una hayaamaan Afrikada Bari, gaar ahaan Madagaskar iyo Sansibaar.

Habib Mulji (1994) - oo labo jeer madax ka noqday urur ay kooxdani dhisatey - wuxuu sheegay in markii kooxdani ay Afrika gaareen ay abuurteen ganacsiyo yaryar, waxayna kala kulmeen bulshadii dhulka deggeneyd cadaadis markii la arkey horumarka ay sameeyeen. Sannadkii 1946 ayey sameyteen dallad ay ku midoobeen kooxihii ku kala

---
124 Asgharali M. M Jaffer , (1983).
125 Fawzi As-sayf. (1434H).

firirsanaa Afrika, waxayna la baxeen "Federation of Khoja Shia Ithna-Asheri Jamats of Africa."

Muddo kaddib, waxay ku faafeen deegaankii ku dhowaa, gaar ahaan magaalooyinka xeebaha. Tiradooda oo yareyd awgeed, waxay sameysteen nidaam isku xira, waxayna abuureen kulammo iyo goobo ay isugu yimaadaan oo ay ugu magac dareen "jamat". Waxaan filayaa inuu ka soo jeedo ereyga carabiga ah ee "Jamaaca". Waxay sameysteen golayaal iyo madax ay iska dhexdoorteen, dastuur ay isku maamulaanna way dejisteen. Jamaacadii ugu horreysey waxay ka aasaaseen dhammaadkii qarnigii 19aad Sansibaar, Laamu iyo Madagaskar. Kaddib waxay ku faafeen Yugaandha, Burindi, Ruwaanda, Soomaaliya, Musanbiig, ilaa Sa'iir. Sannadku markii uu ahaa 1961 ayaa magacii ururka loo beddelay "Africa Federation" sababtoo ah waxaa ku soo biiray kooxo kale oo ka kala yimid Soomaaliya, Sa'iir, Madagaskar iyo Murishiyaas.[126]

Sannadku markii uu ahaa 1975, shir lagu qabtey London ayey ku sameysteen dallad ballaaran oo Khuujaha dunida ku nool koobaysa, waxayna ku magacaabeen World Federation.[127]

Tirakoob la sameeyey wuxuu muujinayaa in tirada Khoja Shia Ithna-Asheri lagu qiyaasey ilaa 120000 oo qof, tirada ugu badanina waxay deggen yihiin Bakistaan. Balkat Walji (2014), wuxuu soo guuriyey tirakoobkaa, wuxuuna u qaybiyey sidan: Bakistaan: 40000, Hindiya 21000, Afrika 14000, Ingiriiska 10000, Kanada 8000, Indian Ocean Islands 65000, Maraykanka 3000, Bariga Dhexe 2000, Yurubta kale 1000, goobaha kale 15000.

Shiicada reer Khuuja ee Soomaaliya degganeyd waxay la waqti ahaayeen kuwii Bariga Afrika ee deegaankaa soo

---

126 Balkat Walji (2014).
127 Asgharali M. M Jaffer, (1983).

gaarey dhammaadkii qarnigii 19aad. Rag badan oo qaarkood ka shaqeyn jirey xarumaha dawladdii Soomaaliya, madax sarena ka noqdey ururkii ay lahaayeen ayaa ka mid ahaa raggii ku dhashay Muqdisho bilowgii qarnigii 20aad.[128]

Xilligii ay asaasantay xaruntii Sansibaar, lagana dhisay masaajidkii ugu horreeyey ee ay kooxdu leedahay, ayey bilaabeen inay deegaankii kale ku faafaan. Soomaaliya waxay ka mid noqotey deegaankii ay xilligaa gaareen. Waxaa ka hayaamey Sanzibaar labo qoys oo shiicada Khuuja ka mid ah, waxayna gaareen magaalada Marka. Halkaas ayey degeen, kuna tarmeen.[129]

Ka hor inta aanu dhicin dagaalkii sokeeye, tirada ugu badan ee shiicada Khuuja waxay deggenaayeen Muqdishu, qaybo ka mid ahina waxay ku noolaayeen magaalada Marka. Magaalada Marka waxay noqotey xilligii Suldaan Saciid Barqash, meel soo jiidata indhaha dadka, waayo waxay aheyd meel ganacsiga ku wanaagsan. 1870 ayey aad u muuqatey muhiimaddeedu, waxayna noqotay meel ay deegaankeeda xiiseeyaan Hindidii deggeneyd Bariga Afrika. Marka oo aheyd deked ganacsiga muhiim u ah, Hindidii hunguriyeysey wey ku dhici waayeen, baqdin ay Soomaalida ka qabeen. Xilli dambe oo Siciid Barqash geeyey ciidammo isaga daacad u ah, ayaa tiro kooban oo Hindi ahi magaalada soo degeen.[130]

Muqdisho waxay ku lahaayeen goobo ganacsi, waxayna lahaayeen goobo waxbarasho. Sidoo kale, waxay dhisteen jamciyad lagu magacaabi jirey "Jamciyatu Almuntadar." Jamciyaddan oo dhanka dawladda laga diiwaangeliyey 1986 waxay u qaban jirtey arrimaha ku saabsan dhanka waxbarashada, caafimaadka iyo arrimaha bulshada. Waxay

---

128 Fiiri Lifaaqa Saddexaad
129 HA M. Jaffer. (1991).
130 CG Bhatt, (2008).

magaalada ku lahaayeen qubuuro khaas u ah, kuna yaalley Ceelhindi. Kooxdan oo tiro ahaan yareyd, kama dhexmuuqan bulshada, iyaguna waxay ku koobnaayeen sidii ay u ilaashan lahaayeen jiritaankooda dhanka caqiido iyo bulsho.[131]

Xilligii uu Muqdisho ka qarxay dagaalkii sokeeye 1991, tirada Shiicada Soomaaliya joogtey waxaa lagu qiyaasey ilaa 1200 oo ruux. Markii uu dagaalkii magaalada ku faafey ayey magan-galeen masjiday ku lahaayeen xaafadda Xamarweyne.[132] Dalladdii ay ku midoobeen ee African Federation, waxay ka kireysteen markab weyn Kenya si ay dadka ugu soo daadgureeyaan, iyagoo kaashanaya safaaradaha Bakistaan iyo Talyaaniga u fadhiyey Soomaaliya.[133] Bishii Jannaayo, 1991 ayaa dadkii ugu badnaa lagu qaadey markabkii la soo kireeyey, waxaana la geeyey magaalada Mombaasa. Qaybtii labaad waxaa bishii Feebaraayo, 1991 lagu daad-gureeyey diyaarad ka qaaddey Muqdisho ilaa Mombaasa.[134]

Sannadkii 2011, 20 sano kaddib xilligii ay shiicada Khuuja ka qexeen Soomaaliya, guddoomiya ururka ay leeyihiin Khuuja, World Federation, Dr Asgarali Moledina iyo wafti uu hoggaaminayo ayaa booqdey Muqdisho iyo xeryaha qaxootiga ee Kenya. Intii ay Muqdisho joogeen waxay soo booqdeen oo ay ku tukadeen masjidkii ay ku lahaayeen magaalada[135], waxayna la kulmeen madaxweyne Shariif Shiikh Axmed iyo duqii magaalada Muqdisho ee xilligaa, Tarsan.[136]

Sannadkaasu wuxuu ahaa markii ay abaaruhu waddanka ka dheceen, hay'ado badan oo samofal ah iyo dawladaha deeqda bixiyaaba ay gargaar geeyeen. Ururku wuxuu qayb

---

131 Fahad Yaasiin. (2015).
132 Fiiri Lifaaqa Afraad
133 Fiiri Lifaaqa Shanaad
134 HA M. Jaffer. (1991).
135 Fiiri Lifaaqa Lixaad
136 World Federation. (2011).

QAYBTA AFRAAD:
Sooyaalkii Shiicada ee Geeska Afrika

ka ahaa hay'adahaa qaylodhaanta ku yimid, goobo ay ka mid yihiin xeryaha qaxootiga ee Kenya iyo goobaha dadka soo barakacey ee Muqdishoayey deeq, raashin u badan, geeyeen. Sidoo kale, booqashadaas masuuliyiinta ururka waxay la muddo aheyd middii uu wasiirka arrimaha dibadda ee Iiraan uu Soomaaliya ku yimid, sidii aan horey usoo sheegnay, isagoo warbaahinta ka sheegay inay Soomaaliya kaalmo dhanka gargaarka, caafimaadka iyo waxbarashada siin doonaan.

Xeeladaha ay Iiraan adeegsato waxaa ka mid ah inay ka faa'iideysato khilaafka siyaasiga ah iyo midka aragtiyeed ee ka dhexeeya muslimiinta Sunniga ah. Waxay isku daydaa inay dhinacyada is-haya mid ka mid soo dhoweysato iyadoo isticmaalaysa tabaheedii dahsoonaa ilaa ay ka abuurto kalsooni iyo siyaasad ama aragti mideysan. Waxay adeegsataa siyaasadda ah `cadowgaaga cadowgiis waa saaxiibkaa' iyadoo uga golleh inay abuurato saaxiibbo ay u tusto inay isku cadow yihiin. Meelaha qaar waxay ka sameysaa isbaheysi ciidan iyo mid siyaasadeed, dhaqaale badanna waxay ku bixisaa sidii ay u kala qoqobi laheyd, isagana hor-keeni laheyd muslimiinta [137].

Waddammada ay ku guuleysato inay gaashaanbuur ka abuurto, waxay ka hirgelisaa mashaariic horumarineed, deeqo kalena way geysaa si ay u hanato kalsoonida bulshada. Markii uu abuurmo jawi xasillan, ayey ugaarsadaan ciddii ay u arkaan inay aragtidooda shiiceynta xambaari karaan, si toos ah iyo si dadbanba. Ciddii dabinkaa ugu dhacda waxaa loo qaadaa Iiraan ama waddammada ay xulafada yihiin ama saldhigyo ku leeyihiin si loo soo siiyo tababarro kala duwan. Qaarkood waxaa dib loogu celiyaa deegaankii uu ka tagey iyagoo xanbaarsan caqiidadii iyo siyaasaddii shiicada. Goobaha ay dadka ku yeeshaan waxaa si hoose loogu diraa

---
137 Islammemo. (2015).

wafti heer sare ah, tusaale ahaan safiirka waddankaa u fadhiya, si ay bulshada ugu muujiyaan inay daacad ka yihiin heshiiska iyo wax-wada-qabsiga.

Safaaradaha Iiraan kuma eka arrimo danjirannimo, waa hay'ad dacwo oo fidineysa caqiidada shiicada. Waxay si hoose u dhexgalaan bulshoweynta, waxayna abuuraan goobo hanuunineed. Meelaha qaar waxay ka fureen goobo dadka saboolka ah xirfad loogu sameeyo, dhallinyaro rag iyo dumar ahna guur-wadareed ayaa hal goob loogu sameeyey, boqollaal dhallinyaro ahna deeq waxbarasho ayaa Iiraan loogu direy.[138]

Warbixin ay soo saartey Hay'adda Nabadsugidda Qaranka (NISA) bishii December, 2015 ayaa waxay ku sheegtay in dawladda Iiraan iyo hay'ado waddankaa laga leeyahayay gudaha waddanka ka wadaan olole ay ku faafinayaan caqiidada shiicada. Hawlgal ay hay'addu fulisey waxay ku soo qabatey labo nin oo iiraaniyiin ah iyo soomaali la shaqeyneysey oo mashruuca shiiceynta waddanka ka wadey. Labada nin waxay sheegteen inay yihiin danjirayaal safaaradda Iiraan ka tirsan, laakiin Hay'adda Nabadsugiddu sheegashadaa way beenisey. Labada nin waxay shaqaale ka yihiin hay'adda gargaarka ee Al-khumeyni oo Iiraan laga leeyahay.

Hay'addu waxay warbixinteeda ku dartey in hay'adda Al-khumeyni ay waddanka ka waddo olole ballaaran oo shiiceyn ah iyadoo si toos ah gacan uga helaysa safaaradda Iiraan. Sidoo kale, dhallinyaro badan ayaa Iiraan siyaalo kala duwan loogu diraa iyadoo qaarkood deeq waxbarasho la siiyo.

Bulshada waxay ugu soo dhuuntaan mashaariic ay ka mid yihiin guur-wadareed ay dhallinyarada guur-doonka

---

138 Fahad Yaasiin. (2015).

ah u sameeyaan iyo abaabulka xafladaha sida xafladda mawliidka. Waxaa jira madax dawladda ka tirsan oo ay gacan ka helaan, una adeegsadaan fulinta qorshaha shiiceynta. Ololahaasu kuma eka caasimadda, waxay dhaqdhaqaaq taa la mid ah ka wadaan qaybo ka mid ah gobollada dalka, sida Gobollada Dhexe iyo Puntland. Hay'adda Nabadsugiddu waxay warbixinteeda ku dartey in danjiraha Iiraan u fadhiyo Muqdisho uu mashruucaa si toos ah ugu lug-leeyahay, isagoo si dhuumasho ah ku booqda degmooyinka mid ah Gobolka Banaadir.[139]

Dhanka kale, waxaa jira dad faro-ku-tiris ah oo sheegtay inay shiicoobeen. Qaarkood waxay ka hadleen taleefishan ay shiicadu leedahay, kana caddeeyeen inay shiico noqdeen.[140] Kuwo kale, oo deegaankoodu yahay Ingiriiska, gaar ahaan London, ayaa qirtey inay shiicoobeen. Waxay sheegeen inay koox yar yihiin, meel gaar ah oo ay isugu yimaadaanna ay leeyihiin.[141]

Sidoo kale, goobo Muqdisho ka mid ah waxaa ka soo ifbaxay halku-dhigyo, muuqaallo iyo sawirro astaan u ah shiicada.[142] Arrimaahaas oo dhan waxay muujinayaan inay Iiraan ka waddo waddanka gudihiisa dhaqdhaqaaq xoog leh, iyadoo ka faa'iideysaneysa kala daadsanaanta waddanka dhan bulsho, nabadgelyo iyo dhaqaale.

ಐ❖ಐ

---

139 Hiiraan Online. (2015).
140 Nin magaciisa ku sheegay Maxammed Cali, sheegayna inuu Soomaali yahay ayaa ka Hadley taleefishan la yiraahdo Ahlulbayt oo shiico leedahay. Wuxuu qirtay inuu caqiidada shiicada qaatey. Halkan ka fiirso: https://www.youtube.com/watch?v=ro7moLiSSeA
141 Waxaan ka wareystey Shiikh C/baasid Sh. Axmed Baraawe oo shiikh ka ah masjidka Al-furqaan ee magaalada Leicester, waddanka Ingiriiska oo la hadley kooxdaas, isagoo doonayey inuu arrinkaa hubiyo. Waxay shiikha u sheegeen inay yihiin koox Soomaali ah oo shiicowdey.
142 Fiiri Lifaaqa Toddobaad

GUNAANAD

MARKA DIB loo jalleeco sooyaalkii iyo heerarkii mad-habka shiicadu soo marey, waxaa nooga soo baxaya inuu labo xaaladood middood uun ahaa. Inuu ahaa dabin qarsoon oo si dahsoon bulshada ugu dhexfaafayey, xiriir hoosena la leh cadowga muslimiinta. Taa waxaa ka mara-kacaya shirqoolkii ay sameeyeen xilligii Tataarka iyo garab-siintii kiristaanka dagaalkii la magac-baxay (الحرب الصليبية) weerarkii kiristanka. Iyo xilli ay awood lahaayeen oo dhacdooyin murugo leh oo lama illaawaan ah ay dhigeen. Waxaa tusaale noogu filan xasuuqii ay ka sameeyeen Xaramka Makka, xilli xaj ah, muslimiintuna isku diyaarinayeen inay Muna u dareeraan. Kaa waxaa la mid ah xasuuqii dawladdii shiicada ee Safawiyiinta iyo midka xilligan ka socda Shaam, Ciraaq iyo Yaman. Mar kasta waxay lahaayeen qorshe aan isbeddelin oo labo-wejiile ah; mid diineed oo ah inay fasaahidiyaan caqiidada saxda ah ee muslimiinta iyo mid siyaasadeed oo ah inay bulsho ahaan tirtiraan ama ay kala-gaabiyaan muslimiinta Sunniga ah.

Qorshihii kontanka sano ee Iiraan wuxuu marayaa marxaladdiisii afraad, waxayna u muuqataa inay Soomaaliya ka mid tahay waddammada diiraddu saaran tahay oo safka hore ku jira, lana gaarey kaalintoodii. Mabda'a shiicada oo ay daadihinayaan dawlad iyo shacabkeedii oo isku duuban, ma muuqato awood u dhiganta oo ka soo horjeedda, taas oo horistaagi karta qorshaha xawliga ku socda ee Iiraan. Sidoo kale, ma muuqdaan ururro siyaasadeed ama diineed oo u kaca wacyi-gelinta bulshada si ay uga bedbaadiyaan afkaartan shiicaynta ee ay Iiraan bulshada ku dhexfaafineyso. Dad faro-ku-tiris ah oo isugu jira culimo iyo madax kale ayaa warbaahinta ka hadley, iyagoo ka digaya dhaqdhaqaaqaa shiiceynta ee ay Iiraan waddo. Sida warbaahinta qaarkeed ay sheegeen, Iiraan waxay dawladda Soomaaliya u gudbisey ashtako adag oo ka dhan ah dhowrkaa qof ee ololeheeda ka hadley. Arrinkaasu wuxuu muujinayaa sida ay Iiraan uga go'an tahay hirgelinta qorshaheeda. Sidoo kale, sida ay ugu dhiirran tahay, diyaarna ugu tahay inay af iyo addinba uga hortagto cid kasta oo hakad gelinaysa danaheeda.

Dhanka kale, dawladaha loogu yeero kuwa saaxiibbada ah, gaar ahaan waddammada carabta, lagama arko dhankooda wax qorshe ah oo ay ugu talo-galeen inay ku gargaaraan walaalahooda ay masiibooyinka dagaalku ragaadiyeen, cadowgoodiina gacanta u galey. Waxaaba la oran karaa inay iyagu toodii la yaabban yihiin oo daadka shiicadu meel walba uga soo rogmadey. Taa waxaa ka sii daran, waxaa si cad u muuqata taageero dhan walba ah oo ay reer Galbeedku siinayaan faafidda caqiidada shiicada si ay uga hortagaan muslimiinta Sunniga ah oo ay u arkaan inay yihiin cadowgooda koowaad.

Taas macneheedu ma ahan in dawladda Iiraan ay haysato uun gabbaadka samafalka oo ay ku lammaaniso shiicannimada. Iiraan waxay ku dedaaleysaa inay hesho dad ay isugu muujiso inay saaxiibbo yihiin, una tusto inay isku cadow yihiin. Arrimahaas waxay u adeegsataa inay bulshada khilaaf ka dhex abuurto, ama mid jirey ay buunbuuniso.

QAYBTA AFRAAD:
Gunaanad

Waxaa soo baxay inay Iiraan ku guuleysatey inay bulshada ku dhexyeelato dad ay siyaasad ahaan ku qancisey inay aragti mideysan yeelan karaan arrinkaas oo u fududeynaya inay abuurto is-bahaysi siyaasadeed. Taa waxay uga dan leedahay in is-bahaysigani noqdo dallaallimadii lagu fidin lahaa caqiidada shiicada, si loo gaaro is-baheysi caqiido.

Dhanka kale, goobta ay Soomaaliya ku taal waa meel, juquraafi ahaan ay ku loollamayaan wadammada caalamka iyo kuwa gobolkuba. Arrinkani wuxuu Iiraan siiyey fursad kale oo ay ku soo gasho waddanka Soomaaliya iyadoo isku muujinaysa inay ka mid tahay waddammada danaha siyaasadeed iyo midka istaraatiiji Soomaaliya ka leh, wax badan oo nabadgelyada waddankeeda ahna ay ku xiran yihiin.

Ku sii daroo, safarkii uu wasiirka Iiraan ku tagey Soomaaliya 2011, xilligii abaaruhu waddanka ka dheceen, wuxuu ku soo beegmay xilli ay, sidoo kale, waddanka booqdeen wafti ka socda urur ay leeyihiin koox shiicada ka mid ah, qayb ka mid ah ururkana ay Soomaaliya deggenaayeen dagaalladii sokeeye ka hor. Labadaa wafti oo la oran karo waxay ka duulayeen hal ujeeddo, warbaahinta waxay u sheegayeen inay u yimaadeen arrimo samafal. Waxay u muuqataa in wufuuddaasu ku socdeen dan ka ballaaran waxa ay sheeganayeen, safarkuna aanu aheyn mid si kadis ah isku waafaqey ee uu ahaa qorshe laga soo shaqeeyey, kana mid ah, muujinayana qorshaha ay Iiraan ka damacsan tahay Soomaaliya. Sidoo kale inay Iiraan diyaarineyso sidii ay dib ugu soo celin laheyd shiicadaa waddanka ka qaxdey si ay u hesho saldhigii ay ka faafin laheyd aragtideeda diineed iyo midka siyaasadeed.

Arrimahaas oo dhan waxay muujinayaan inay Soomaaliya baylah u tahay, una nugushahay aragti kasta oo ka soo horjeedda diinteeda, dhaqankeeda iyo waddankeeda. Haddii aan la helin isku-duubni, aragti mideysan iyo wacyi-gelin xoog leh, waxay Soomaaliya khatar u tahay in marxaladda shanaad ee qorshaha Iiraan oo ah tobanka sano ee u dhexeeya 2020-2030 ay Soomaaliya ka soo baxaan ururro xoog leh oo matalaya shacab-weynaha Shiicada, sida horey uga dhacdeyba waddanka Nayjeeriya.

Soo jeedin

Marka la isku dayo in sawir laga bixiyo xaalladda ay Soomaaliya ku sugan tahay iyo cadowga isu-baheystey ee duullaanka ku ah caqiidadeeda, khayraadkeeda iyo dhulkeedaba inta uu le'eg yahay, waxaa kuu soo baxaya muuqaal ka liita midka ay dadka reer Falastiin ku nool yihiin. Waa ummad qaybsan, cadowgeeduna mideysan yahay. Dhul iyo khayraadba ha joogtee, waxaa hadda duullaan lagu yahay caqiidadeeda oo ah lama-taabtaankii bulshada. Waxaa soo ban-baxaya muuqaal shaki gelinaya midnimo dambe oo Soomaaliya. Dhanka kale, waxaad mooddaa in Soomaaliya qaybsigeedii labaad ee Baarliin hadda lagu jiro, laakiin la isku hayo saamigii cid walba ka heli laheyd. Waa muuqaal baqdin miiran ah oo ku argagax gelinaya. Si kastaba ha ahaatee, waxaa lama huran ah inaan la is-dhigan, dhib kasta oo yimaadana loo raadiyo xalkii looga bixi lahaa, iyo sidii looga gaashaaman lahaa.

Maaddaama ay qormadani ka warrameyso duullaanka caqiidada ummadda, waxaan halkan ku soo bandhigeynaa soo jeedin kooban oo tilmaamo ka bixineysa sidii looga hortagi lahaa, loogana gaashaaman lahaa ololahan shiiceynta ee ay waddo dawladda shiicada ee Iiraan.

1. In la helo wacyi-gelin mideysan oo dal iyo dibad ah, ummaddana lagu barayo caqiidadan khaldan ee shiicada. In la qabto aqoon-isweydaarsiyo iyo kulammo-diineed. Waxaa xusid mudan kulammo

QAYBTA AFRAAD:
Gunaanad

lagu qabtey magaalada Boosaaso sannadkii 2015 oo looga hadlayey caqiidada shiicada. Sidoo kale, waxaa bogaadin mudan culimo ka mid ah Hay'adda Culimada Soomaaliyeed oo ummadda warbaahinta kala hadley, ugana digey shiicada.

2. In wax laga qabto oo la awdo daldaloollada ummadda laga soo geli karo iyo waxyaabaha loogu soo gabban karo, gaar ahaan dhanka saboolnimada iyo aqoon-darrida. Hay'adaha samafalka ee Iiraan waxay qayb libaax ka qaataan ololahan fidinta caqiidada shiicada. In la isku dayo in la helo hay'ado kale oo samafal oo buuxiya gargaaridda dadka tabaaleysan. Dhanka aqoon-darrida, in bulshada loo abuuro goobo hanuunin oo bilaash ah, laguna siiyo casharro baraarujin ah.

3. In si gaar ah isha loogu hayo dadka ay sida gaarka ah shiicadu u bar-tilmaameysato, sida dhallinyarada iyo bulshada lagu sheego in laga tiro badan yahay. Dabinnada dhallinyarada ay ku dagto waxaa ka mid ah deeq waxbarasho inay siiyaan iyo inay ka caawiyaan arrimaha guurka. Isu guurintaasu ugu dambeyn waxay isu beddeli doontaa kala mutceysi oo ah sino dahsoon. Dhanka waxbarashada, in la helo meelo kale oo ay dhallinyaradu deeq waxbarasho ka heli karaan si loo daboolo baahidooda waxbarasho.

4. Dawladda iyo maamullada kale ee jira inay kaalintooda qaataan. Inay qaab caalami ah iyo mid dawladeedba ula dagaallamaan weerarkan caqiido ee waddanka lagu hayo. Inay qaylo-dhaan gaarsiiyaan waddammada ay Iiraan ololahan oo kale ka waddo, sida dawladaha carabta si loo helo awood iyo siyaasad mideysan. Waxaa ammaan mudan madax dawladda ka tirsan oo ka hadlay idaacadaha, kana

digey arrinkaa. Dawladda qudheedu waxay qaaddey tallaabo wax-ku-ool ah oo ay ku jartey xiriirkii diblomaasi ee ay Iiraan la laheyd. Sidoo kale, ololihii ay Hay'adda Nabadsugiddu ku soo qabqabatey dad faafinayey caqiidada shiicada oo ay ku jireen labo nin oo Iiraan u dhashay waa mid hididdiilo leh.

5. In warbaahintu ka qayb qaadato baraarujinta bulshada. In laga sii daayo idaacadaha la iska maqlo (raadiye) iyo kuwa la iska arko (taleefishan) barnaamijyo loogu talo galey in dadka lagu wargeliyo. Sidoo kale, warbaahinta kale ee ay bulshadu ku wada xiriirto, sida Facebook, Twitter iyo kuwa la midka ah in iyagana loo adeegsato wacyi-gelinta bulshada.

6. Hubka ugu muhiimsan ee lagula dagaallami karo duullaankan caqiido, dhul-ballaarsi iyo khayraad-boobka ah waa isku-duubni. Si taa loo gaaro waa in ummadda dib-u-heshiisiin dhab ah loo qabto, lagana shaqeeyo mideynteeda. Sidoo kale, in ummadda looga digo siyaasadda Iiraan ee ah inay ka faa'iideysato khilaafka bulshada dhexyaal, iskuna daydo inay dhinac ka mid ah dhinacyada is-haya xulufo la noqoto si ay gabbaad uga dhigato.

7. In la yareeyo xiriirrada kale ee labada shacab iyo dawladood ka dhexeeya. In la joojiyo xiriirka ganacsi, lana raadiyo saylado iyo suuqyo kale oo ganacsi. In laga digtoonaado xiriirrada mataaneynta hay'adaha dawladda iyo kuwo gaarka loo leeyahay, tusaale ahaan xiriir horey loo kala sixiixday oo ahaa mataaneynta labada baarlamaan.

8. In la xakameeyo safarrada ganacsi iyo midka caafimaad ee Iiraan loo aado, beddel ahaanna loo aado waddammada kale, sida Malaysiya iyo Turkiga. Tabtan ah in dadka la siiyo fursado ganacsi iyo

QAYBTA AFRAAD:
Gunaanad

caafimaad jaban ama bilaash ah waxay ka mid yihiin xeeladaha lagu faafiyo mabda'a shiicada.

Tallaabooyinkaa iyo qaar la mid ah haddii la qaado waxay xakameyn karaan farogelinta aan geedna loogu soo gabban ee ay Iiraan geyiga ka waddo. Sidoo kale, waxay dadka ku baraarujinayaan inay gartaan shirqoolka dahsoon iyo beer-laxawsiga beenta ah ee ay shiicadu bulshada ku marin-habaabiyaan.

TIXRAACYADA

Abuu Cabdullaahi A. Alathariyi (2004). *Mujmalu Caqaa'idi Ash-shiica walmuraajacaatu fii Almiizaan.* Alimaaraat : Maktabatu As-saxaaba.

Abuu Xaamid, maxammed Al-Maqdisiyi (2008). *Risaalatun Fii Ar-raddi calaa Ar-raafidah.* Masar: Daaru Adwaa'i As-salaf.

Abuu Zuhrata, Maxammed (nd). *Taariikhu Al-Madaahibi Al-Islaamiyah.* Masar: Daaru Al-fikri Al-Carabiyi.

Al-baqdaadiyi, Cabdulqaahir Bin Daahir (1977). *Alfarqu baynal Firaq Wabayaanu Alfirqati An-naajiyah.* 2nd ed. Lubnaan: Daaru Al-aafaaqu Aljadiida.

Al-cafnaan, Abdirahman, (1992). *Al-qabaa'ilu Al-Carabiyatu fii Khuraasaan Wabilaadi Maa waraa'a An-nahri.* Ph.D.. Saudi Arabia: Ummu Alquraa.

Ali Bin Saalih Al-Muxeymiid. (2011). *Mu'arikhuu Al-balaad fii Dawlati Al-buweyhiya.* Available: http://www.alukah.net/culture/0/30645/. Last accessed 17.09.2015.

Aljazeera. (2015). *Almunadamatu Al-islaamiya fii Nayjeeriya..Bu'ratu At-tashayuci Bi-Ifriiqiya.* Available: http://www.aljazeera.net/encyclopedia/movementsandparties/2015/12/16/%D8%A7%D9%84%D9%85%D9%86%D8%B8%D9%85%

D8%A9-%D8%A7%D9%84%D8%A5%D8%B3%D9%84%D
8%A7%D9%85%D9%8A%D8%A9-%D9%81%D9%8A-%D9-
%86%D9%8A%D8%AC%D9%8A%D8%B1%D9%8
A%D8%A7-%D8%A8%D8%A4%D8%B1%D8%A9-
%D8%A7%D9%84%D8%AA%D8%B4%D9%8A%D8%B9-
%D8%A8%D8%A3%D9%81%D8%B1%D9%8A%D9%82%D9
%8A%D8%A7. Last accessed: 25/12/2015

Allen, J. D.V. (1982). The Shirazi problem in East African coastal history. *paideuma*. 28 (-), 9-27.

Al-Qifaariyi, Naasir (1428H). *Mas'alatu Taqriib Bayna Ahlu Sunna Washiica*. Daaru Ad-diibah Linashri wa-tawziic.

Al-Qifaariyi, Naasir Bin Cabdullaahi , 1994. *Usuulu Mad-habi Ash-Shiicati Al-Imaamiyati Al-Ithnaa Cashariyati*. Ph.D.. Saudi Arabia: Jaamacatu Al-Imaam Maxammed Bin Sacuud.

Amiin Shaxaata. (nd). *Iiraan: Masaaru At-taariikhiyi*. Available: http://www.aljazeera.net/specialfiles/pages/2d6fb6bb-cc28-40a6-b9c3-1274939dc9f3. Last accessed 17.11.2015.

Amiir Saciid (2009). *Khariidatu Ash-shiicati fii Alcaalim: Diraasatun Caqadiyatun/ Taariikhiyatun/ Diimoogaraafiyatun/ Istaraatiijiyatun* . Masar: Markazu Ar-Risaala Lid-diraasaati Walbuxuuthi Al-insaaniyati.

Asgharali M. M Jaffer , (1983). An Outline History of the Khoja Shia Ithna Asheri Community in Eastern Africa. *In Conference of World Ahlulbayt League*. London, 5th August 1983. London

Ash-shahrastaani, Maxammed Bin Cabdulkariim. (1992). In: Axmed Fahmi Maxammed. *Al-Milal Wan-nixal*. 2nd ed. Lubnaan: Daaru Alkutubu Al-cilmiya.

Ash-Shawkaaniyi, Maxammed Bin Cali (1998). *Adabu Ad-Dalab Wamuntaha Al-adab*. Lubnaan: Daaru Ibnu Al-Xazam.

QAYBTA AFRAAD:
Gunaanad

August H. Nimtz (1980). *Islam and Politics in East Africa: The Sufi Order in Tansania*. United States: University of Minnesota Press.

Axmed Alqaamidiyi (2010). *At-tashayuc Nash'atuhu Wamaraaxilu Takwiinih*. Saudi Arabiya: daaru Ibnu Rajab.

Axmed M. Jali (1987). *Diraasatun Can Al-firaq wat-taariikhi Almuslimiin: Al-Khawaarij Wash-Shiicah*. Saudi Arabiya: Markaz Al-Malik Faysal.

Axmed Maxammed (1987). *Diraasatun Can Al-firaq wat-taariikhi Almuslimiin: Al-Khawaarij Wash-Shiicah*. Saudi Arabiya: Markaz Al-Malik Faysal.

Balkat Walji (2014). The history and development of the Khoja Shia Ithna-esheri muslim Community – Leicester University (online). https://www.youtube.com/watch?v=FIeyIIGJcWM. Last accessed: 15/12/2014

Bongers, R. (2012/13). Iran's foreign policy towards post-invasion Iraq. *Journal of Politics & International Studies*. 8 (-), 124-160

Cabdalla An-Nafiisiyi (2011). Mawjatu At-Taqyiir Ash-Shacbiyi fii Al-Wadani Al-Carabiyi- Jaamacatu Al-Kuweyt (online). Available at: https://www.youtube.com/watch?v=GpFGFKL4y2I&feature=related Last accessed: 10/10/2015

Cabdalla An-Nafiisiyi (2013). An-nadwatu Allatii Athaarat Jadalun Waasic: Min Diiwaani Xuseen Baraak- Al-Kuweyt (online). Available at: https://www.youtube.com/watch?v=PstatkHi-b0. Last accessed: 12/11/2015

Cabdalla Mansuur (nd). *Taariikhda iyo Luqadda Bulshada Soomaaliyeed*. Sweden. Iftiinka Aqoonta.

Cabdullaahi Al-Muusiliyi (2002). *Xaqiiqada Shiicada Xataa laa Nankhadic*. 2nd ed. Masar: Daaru Al-iimaan.

Cabdullaahi Al-Qafaariyi. (1424). *Barootakoolaatu Aayaati Qum Xawla Al-xarameyni Almuqaddaseyn*. Available: http://

www.saaid.net/book/open.php?cat=83&book=151. Last accessed: 07/12/2014

Cabdulmuxsin Bin Xamad Al-Cabbaad (1423). *Al-Intisaar Lisaxaabati Al-Akhyaar fii Raddi Abaadiili Xasan Almaaliki.* 2nd ed. Saudi Arabiya: Daaru Ibnu Alqayim.

Cabdulqaadir Cadaa Suufiyi (2005). *Daraasaatu Manhajiya Libacdi Firaqi Ar-raafida Wal-baadiniya.* Saudi Arabiya: Daaru Adwaa'i As-salaf.

Cabdulqaadir Cadaa Suufiyi (2007). *Awjazu Alkhidaab fii Bayaani mawqifi Ash-shiicati min As-saxaabati.* 2nd ed. Saudi Arabiya: Shabaku Ad-difaaci can As-sunnati.

Cabdulsataar Ar-Raawiyi (2012). *Alcaqlu As-Siyaasiyu Al-IIraaniyu Al-Mucaasir.* Saudi Arabiya: Daaru Ad-diraasaati Al-Cilmiyati Lilnashri Wat-Tawziic.

Calawi D.Aljabal (2002). *Ash-shiicatu Al-ismaaciilya: Ru'yatun min Ad-daakhil.* Masar: Daaru Al-amal.

Cali C. Xirsi , 1977. The Arab Factor in Somali History: The Orginins and Development of Arab Enterprise and Cultural Influences in The Somali Peninsula. Ph.D. United States: University of California.

Cali M. As-salaabi (2008). *Fikaru Al-Khawaariji Wash-shiicata fii Miizaani Ahli Sunnati Waljamaacah.* Masar: Daaru Ibnu Al-Xazam

CG Bhatt, (2008). *India and Africa Unique Historical Bonds and Present Prospects, with Special Reference to Kutchis in Zanzibar.* Centre for African Studies Research Working Paper: No. 5, University of Mumbai.

Cuthmaan Al-Khamiis (2012). Al-munaadara Maca Almutarafid Cadnaan Ibraahiim. Al-Kuweyt (online). Available at: https://www.youtube.com/watch?v=qSgxDWjiMgc. Last accessed: 20/12/2015

Cuthmaan Al-Khamiis (2006). *Xuqbatun Mina At-Taariikh.* 3rd ed. Masar: Maktabatu Al-Iimaam Al-Bukhaari.

QAYBTA AFRAAD:
Gunaanad

Fahad Yaasiin. (2015). *Ad-dawru Al-Iiraaniyi fii As-soomaal: Al-baxthu can Mawdi'i Qadam*. Available: http://studies.aljazeera.net/reports/2015/08/2015818103039934112.htm. Last accessed 17.08.2015.

Fawzi As-sayf. (1434H). *Taariikhu Ash-shiicati Al-khuuja*. Available: http://www.al-saif.net/?act=av&action=view&id=1042. Last accessed 18.11.2015.

HA M. Jaffer. (1991). *Lessons from Somalia*. Available: http://docslide.us/documents/lessonssomalia.html. Last accessed 19.11.2015.

Haadif Ash-Shamriyi. (1429H). *Al-khuddatu Al-Khamsiiniyah Wa-isqaadaatuhaa fii Mamlakati Al-Baxreyn*. Available: http://waqfeya.com/book.php?bid=6844. Last accessed 16.08.2015.

Habib Mulji, (1994). *An Outline History of the Khoja Shia Ithna Asheri Community in Eastern Africa*. In *Ahlul Bait World Assembly*. Iiraan, 1994. Available:http://ismaili.net/mirrors/16_community/community_perspective.htm

Hiiraan Online. (2015). *Nabad-sugidda oo ka Warbixisay dad ay sheegtay inay Mad-habta Shiicada ka fidinayeen Muqdisho*. Available: http://www.hiiraan.com/news/2015/Dec/wararka_maanta27-94301.htm. Last accessed 27.12.2015.

Ibnu Bathuta (1992). *Ar-rixla*. Lubnaan: Daaru Saadir

Ibnu Kathiir, Ismaaciil Bin Cumar. (2010). Juska 7aad. In: Cabdulqaadir Al-arnaa'uud & Bashaar Macruuf. *Al-Bidaaya Win-nihaaya*. 2nd ed. Suuriya: Daaru Ibnu Kathiir. 470.

Ibnu Taymiya, Axmed Bin Cabdulxaliim (nd). *Ar-raddu Calaa Al-Akhnaa'iyi*. Masar: Maktabatu As-Salafiya.

Ibnu Taymiyah, Axmed Bin Cabdulxaliim (1986). *Minhaaju As-Sunnati An-Nabawiyati fii Naqdi Kalaami As-Shiicati*

Al-Qadariyah. Saudi Arabiya: Jaamacatu Al-Imaam Maxammed Bin Sacuud.

Islammemo. (2013). *Masar Calaa Ra'si Qaa'imati Khuddati Al-Khamsiiniyati Litashyiici Al-Carab*. Available: http://islammemo.cc/akhbar/arab/2013/04/08/169448.html. Last accessed 16.08.2015.

Islammemo. (2015). *Tandiimun Suufiyi Musallax Madcuumun min Iiraan Yusaydiru calaa Mudunin Biwasdi As-Soomaal*. Available: http://islammemo.cc/akhbar/Somalia/2015/09/03/261561.html. Last accessed 19.11.2015.

Ixsaan I. Dahiir (1983). *Ash-shiicatu Walqur'aan*. Pakistaan: Idaaratu Tarjamaanu As-Sunnah.

Ixsaan I. Dahiir (1985). *Al-Ismaaciiliya, Taariikhun Wacaqaa'idun*. Pakistaan: Idaaratu Tarjamaani As-Sunnah.

Ixsaan I. Dahiir (1995). *Ash-Shiicatu Wat-tashayuc: Firaqun Wataariikh*. 10th ed. Pakistaan: Idaaratu Tarjamaanu As-Sunnah.

Kaamil M. Ash-shaybiyi (1982). *As-salatu Bayna At-tasawufu Wash-shiica*. 3rd ed. Lubnaan: Daaru Alandulus

Liiqliiqato, Muxammed Ibraahim (2000). *Taariikhda Soomaaliya: Dalkii Faca weynaa ee Punt*. Muqdisho.

Maanic Aljuhaniyi. (1420). *Almawsuucatu Almuyasaratu fii Aladyaani Walmadaahibi Wal-axzaabi Almucaasara*. 4th ed. Saudi Arabiya: Daaru An-nadwati Alcaalamiyati Lid-dabaacati Wan-nashri Wat-tawziici

Mamduux Alxarbiyi (2011). Ash-shiicatu An-nuseyriya (online). Available at: https://www.youtube.com/watch?v=p5srxaQGe5w. Last accessed: 13/06/2015

Mamduux Al-xarbiyi. (1426). *Mawsuucatu Firaqi Ash-shiica*. Available: http://www.almeshkat.com/books/open.php?cat=21&book=1618#.VleLctLhDIU. Last accessed 26.11.2015.

QAYBTA AFRAAD:
Gunaanad

Markazu Al-aema. (2015). *At-tashayucu fii As-soomaal: Xaqiiqatun Am Khayaal.* Available: http://al-aema.com/

Maxammed Al-Khadiib (1986). *Al-Xarakaatu Al-Baadiniya fii Alcaalami Al-Islaamiyi.* 2nd ed. Saudi Arabiya: Daaru Caalami Alkutub Lilnashri Wa-tawziic.

Maxammed C. At-tuunsawi (1403). *Budlaanu Caqaa'idu Ash-shiicati Wabayaanu Zayqi Muctaniqiihaa Wamuftarayaatihim Calaa Al-islaami min Maraajicihim Al-asaasiyati.* Pakistaan: Daaru An-nashri Al-islaamiyati Alcaalamiyati.

Maxammed Jawaad Laarijaani. (2013). *Maquulaatun fii Al-Istaraatiijiyati Al-Wadaniyah* (Sharxu Nadariyaati Ummu Alquraa Ash-Shiiciya). Tarjama Wataxliil: Nabiil Cali Al-Catuum. Saudi Arabiya: Daaru Ad-diraasaati Al-Cilmiyati Lilnashri Wat-Tawziic.

Maxammuud Ismaaciil (1995). *Firaqu Ash-shiicati:bayna Tafkiiri As-siyaasiyi wa Annafyu Addiiniyi.* Masar: Siinaa Lilnashri.

Maxammuud Shibli. (2014). *Xaqiiqada Shiicada.* Available: http://www.mshibli.com/index.php/en/muxaadaro/item/16-xaqiiqada-shiicada. Last accessed: 20/07/2015

Muusa Bin Khamiis Al-Buusaciidiyi. (2013). Ta'siisu Al-muduni Al-Islaamiyati fii Sharqi Ifriiqiya. *Majalatu At-Tafaahum*, caddad 39. Available: http://tafahom.om/index.php/nums/view/9/197. Last accessed: 02/09/2015

Neville Chittick. (1965). The `Shirazi' Colonization of East Africa. *Journal of African History.* 1 (3), 275-294.

Pouwels, Randall L. (1974). Tenth-century settlement on the east African coast: the case for Qarmatian/Isma'ili connections. *Journal of the British Institute in Eastern Africa.* 9 (-), 65-74.

Qaalib Bin Cali Cawaajiyi (2001). *Firaqun Mucaasaratun Tantasibu ilaa Al-Islaam Wabayaanu Mawqifi Al-Islaami Minhaa.* 4th ed. Saudi Arabiya: Maktabatu Al-Casriya Ad-dahabiya.

Qaythaan Bin Ali Bin Jariis. (1995). "Al-Carabu Wa-atharuhum fii Al-awdaaci As-siyaasiyati wathaqaafiyati fii Muqdisho fii Alcusuuri Alwusdaa Alislaamiya" *Majalatu Al-Carab* January/February 1995: 185-205.

Qismu Ad-diraasaat Al-Mawqic Ar-Raasid. (2009). *Al-Khuddatu As-Sirriyatu Al-Iclaamiyatu Al-Iiraaniya.* Available: http://d1.islamhouse.com/data/ar/ih_books/single5/ ar_Irans_secret_plan.pdf. Last accessed 16.08.2015

Safar Al-xawaaliyi (2009). *Usuulu Alfiraq Wal-adyaan Walmadaahibi Alfikriya.* Saudi Arabiya: Daaru Diibati Al-khadraa'.

Sharif Shacbaan Mabruuk .(2014). review of Assiyaasatu Al-khaarajiyah Al-Iiraaniyah fii Ifriiqiya,. *Majalatu Ifriiqiya Qaaratunaa.* 14 (-), 1-5.

Sherriff, Abdul, (1992). The Shirazi in the history and politics of Zanzibar. In *International Conference on the History and Culture of Zanzibar.* Zansibar, 14-16 Dec

Strandes, J. (1968). -. In: Kirkman, J. S *The Portuguese Period in East Africa.* 2nd ed. Kenya: East African Literature Bureau. -.

Trita Parsi (2008). *Treacherous Alliance: The Secret Dealings of Israel, Iran, and the United States.* United States: Yale University Press.

Usaama Shaxaata & Haytham Al-Kiswaaniyi (2008). *Almawsuucatu Ash-shaamilatu lilfiraqi Almucaasirati fii Al-caalam.* Masar: Maktabatu Madbuuli.

World Federation. (2011). *Horn of Africa Appeal.* Available: http://www2.world-federation.org/Appeals/ AppealHomePageID167. Last accessed 19.11.2015.

Xuseen Muusawi (2007). *Lillaah Thumma Lit-taariikh: Kashfu Al-asraari Watabri'atu Al-a'immati Al-ad-haari.* Masar: Daaru Ibnu Aljawziyi.

LIFAAQYADA

Lifaaqa Koowaad:

Arday badan oo dhigan jirey jaamacadaha Nayjeeriya ayey soo gaartey dabayshii fufka kacaanka Iiraan. Arrinkaasu wuxuu keenay in dhallinyaro badani u riyaaqaan khudbooyinkii dhiillada watey ee ay jeedin jireen madaxdii shiicada ee kacaankii Iiraan oo uu ugu weynaa Al-khumeyni. Dhalashadii kacaanka kaddib, waxaa siddeetamaadkii qarnigii la soo dhaafey Nayjeeriya ka aasaasmey urur dhallinyaro ah, waxayna dhisteen urur ay u bixiyeen 'Ururka Islaamka Nayjeeriya.' Ururkaa waxaa madax u noqdey nin ka mid ahaa dhallinyaradii jaamacadda oo la oran jirey Ibraahiim Yacquub Az-zakzaaki.

Ibraahiim wuxuu waxbarasho u aadey Iiraan, wuxuuna la soo noqdey hididiillo iyo abaabul xoog leh, dawladda Iiraanna waxay ku taageertay maal iyo maskax. Wuxuu bilaabey inuu faafiyo mad-habka shiiciga si qarsoodi ah, isagoo kutub bilaash ah ka soo qaadi jirey safaarradda Iiraan ay ku leedahay Nayjeeriya. Sidoo kale, safaarraddu waxay bilowdey inay kutubta shiicada ku turjunto luqadda Xawsaha ee Nayjeeriya looga hadlo. Waxa kale oo dhismay ururro shiico ah oo ay Iiraan taageerto, kuwaas oo faafiya caqiidada shiicada, gudaha

Iiraanna waxay ka dhiseen dallad ay ku midoobeen ardeyda afrikaanka ah ee Iiraan wax ka barta.

Muddo dhowr iyo toban sano ah ayuu Ibraahiim Az-zakzaaki qarsanayey shiicannimada, si hoosena u faafinayey, xilligaa kaddibna wuxuu caddeystey inuu shiico yahay, arrinkaas oo keenay in qayb ururka ka mid ah ay ka soo horjeestaan, kana go'aan. Wuxuu aasaasey garab hubeysan, tababarka iyo dhaqaalahana ay Iiraan bixiso. Qaar waxaa loo qaadaa Iiraan, si tababar gaar ah loo siiso, kaddibna dib ayaa loogu celiyaa Nayjeeriya ama waxaa loo diraa goobaha dagaalladu ka socdaan sida Siiriya, Yaman iyo Ciraaq. Az-zarkaazi iyo jabhaddiisu waxay noqdeen dawlad ka hoos dhisan dawladda Nayjeeriya, kana amar qaadata madaxda ilaalada kacaanka Iiraan. Arrinkaasu wuxuu sababey in jabhaddiisa iyo ciidammada booliska Nayjeeriya uu isku dhac hubeysani dhexmaro kaas oo dhimasho iyo dhaawac keenay.

Figure 1.0: *Sawirka Ibraahim Yacquub Az-zakzaaki*

QAYBTA AFRAAD:
Gunaanad

Warbaahinta Iiraan aad ayey u buunbuunisaa Ibraahiim Az-zakzaaki, waxayna ugu yeertaa inuu yahay hoggaamiyaha shiicada Nayjeeriya. Sidoo kale, inuu yahay nin hoggaamiyaha diinta ee Iiraan, Cali Khaamana'i si aan kala har laheyn u raacsan, si aan gabbasho laheynna u taageera siyaasadda Iiraan. Ururkani Iiraan wuxuu u joogaa booska Xisbullaahiga Lubnaan, waxayna dooneysaa inuu ururku noqdo halkii ay Afrika uga faafin laheyd mad-habka shiiciga. Waxay rabtaa inuu ururku u noqdo gudintii ay daabkeeda gadaal ka haysey oo ay dawladda Nayjeeriya u adeegsato si ay uga fushato danaheeda gaarka ah. Maaddaama ay Nayjeeriya tahay waddan dad ahaan iyo dhaqaale ahaanba ballaaran, waxay Iiraan aaminsan tahay inay tahay waddan ay u mari karto faafinta mabda'a shiiciga ee Afrika. Waxa kale oo ay u diyaarinaysaa inay mustaqbalka isku rogaan xisbi siyaasi ah, xukunkana kula wareega qaab doorasho.

Figure 1.1: *Dhallinyaro ka tirsan ururka shiicadu leedahay ee Nayjeeriya oo sameynaya socod dhoollo-tus ah. Waxay wataan calammadii iyo tilmaamihii gaarka u ahaa shiicada. Waa xuskii 10-ka Muxarram ee sannadkii 2015.*

Ilo-wareedka:
http://www.islamist-movements.com/28144

http://www.aljazeera.net/encyclopedia/movementsandpartie
s/2015/12/16/%D8%A7%D9%84%D9%85%D9%86%D8%B8%D9%85%
D8%A9-%D8%A7%D9%84%D8%A5%D8%B3%D9%84%D8%A7%D9%8
5%D9%8A%D8%A9-%D9%81%D9%8A-%D9%86%D9%8A%D8%AC%D9
%8A%D8%B1%D9%8A%D8%A7-%D8%A8%D8%A4%D8%B1%D8%A9-
%D8%A7%D9%84%D8%AA%D8%B4%D9%8A%D8%B9-%D8%A8%D8%A3%
D9%81%D8%B1%D9%8A%D9%82%D9%8A%D8%A7

QAYBTA AFRAAD:
Gunaanad

Lifaaqa Labaad:

Ereteriya waxay leedahay 126 jasiiradood oo ku teedsan Badda Cas. Jasiiradahaa waxaa ka mid ah kuwo la isku yiraahdo Jasiiradaha Dahlak. Xaaladda dhaqaale ee liidata ee waddanka Ereteriya ayaa waxay keentay inay jasiiradahaa qaar ka mid ah ay ka kireyso waddammo shisheeye. Waddammada laga kireeyey qayb ka mid ah jasiiradahaa waxaa ka mid ah Iiraan iyo Israa'iil. Iiraan waxay kireysatey labo jasiiradood, halka Israa'iil ay kireysatey saddex jasiiradood. Sannadkii 1995 ayey Ereteriya heshiis la gashay Israa'iil, kaas oo lagu kala sixiixday inay Israa'iil ka dhisato jasiiradahaa saldhig milateri oo ay kala socoto dhaqdhaqaaqa Badda Cas. Sidoo kale, inay ka sameysato beero iyo aseendooyin waaweyn oo loogu talo-galey in dadka lagu marin-habaabiyo, laguna qariyo saldhigga ciidanka. Muhimadda ugu weyn ee ay Israa'iil saldhiggaa ka leedahay waxay ku sheegtaa inay rabto inay kala socoto dhaqdhaqaaqa dawladda Iiraan ee ay hub iyo kaalmo ugu gudbiso ururka Xamaas, iyadoo u sii marisa Suudaan. Taas waxaa beeninaya in Iiraan qudheedu ku leedahay isla jasiiradahaa saldhig ciidan, fogaanta ay labada saldhig isku jiraanna ay aad u yar tahay.

Sannadkii 2009 ayey Iiraan iyo Ereteriya kala sixiixdeen heshiis inay Iiraan ka sameysato saldhig milateri xeebaha Ereteriya. Ujeeddada Iiraan ay ka leedahay saldhiggaa waa sidii ay u ula socon laheyd marin-badeedka Baabu Almandab, culays ciidan u saari laheyd waddammada carabta, uguna tababari laheyd kooxo shiico ah oo ay ugu talogashey inay ka dagaallamaan Yaman iyo wadammada ku hareereysan. Arrinkaa beddelkeed, Iiraan waxay Ereteriya siisaa deeq dhaqaale, waxayna uga iibisaa shidaalka qiimo jaban. Sidoo kale, waxay ka caawisaa mashaariic kale, sida soo saarka dahab lagu sheegay buuraha ku yaal xuduudka ay la leedahay Itoobiya.

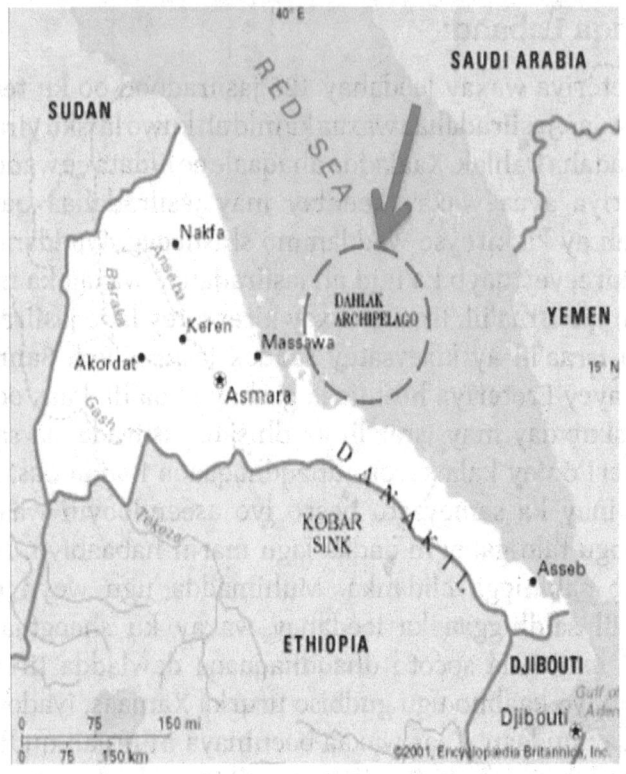

Figure 2.0: *Maab muujinaya meesha ay dhacdo jasiiradaha Dahlak*

Warbaahinta qaar ayaa ku sheegay ujeeddada ka dambeysa in Ereteriya ay hal meel ka siiso saldhig ciidan labo dawladood oo sheegta inay cadow yihiin, una muuqda labada awoodood ee isku haysta Bariga Dhexe, inay dooneyso inay gabbaad kaga dhigato weerar uga yimaada Itoobiya. Danaha Ereteriya wuxuu ku kooban yahay mid dhaqaale iyo mid nabadgelyo.

Ilo-wareedka:
http://defense-arab.com/vb/threads/91177/
http://www.ynetnews.com/articles/0,7340,L-4318720,00.html
http://www.albayan.ae/one-world/arabs/2015-04-23-1.2359804

QAYBTA AFRAAD:
Gunaanad

Lifaaqa Saddexaad:

Figure 3.0: *Sawirka Xaaji Xuseen Bahaay Xaaji Muraaj (Haji Hussein Bhai Haji Muraj)*

Xaaji Xuseen Bahaay wuxuu ka mid ahaa qoysaskii deggenaa Soomaaliya, kana soo jeedey shiicada Khuuja. Wuxuu ku dhashay magaalada Muqdisho sannadku markii uu ahaa 1911. Aabbihi, Xaaji Bahaay Muraaj wuxuu ka mid ahaa dadkii ugu firfircaanaa ee jamaacada. Wuxuu noqdey madaxa ururka ay lahaayeen shiicadii Khuuja ee Soomaaliya deggeneyd. Xaaji Xuseen, dhimashadii aabbihi kaddib, wuxuu isna noqdey madaxa shiicada Khuuja ee Muqdisho. Waxa kale oo uu noqdey madaxa urur jaaliyadda Bakistaan ay Muqdisho ku lahaayeen. Wuxuu ka mid noqdey xubnihii sarsare ee dawladdii hoose ee magaalada Muqdisho. Xilligii uu madaxda ahaa waxyaabihii uu qabtey waxaa ka mid ahaa, wuxuu ballaariyey masjidka iyo Xuseyniyada oo ah goobta ay ku qabsadaan xuska maalinta tobnaad ee Muxarram oo ah maalintii la diley Xuseen Bin Cali, rc. Xaaji Xuseen wuxuu geeriyoodey sannadkii 1979.

Ilo-wareedka:
http://www.dewani.ca/12ksi.pdf

Lifaaqa Afraad:

Figure 4.0: *Muuqaalka masjidka iyo xuseyniyada ay shiicada Khuuja ku laheyd degmada Xamarweyne ee magaalada Muqdisho.*

Shiicada Khuuja waxay degmada Xamarweyne ku lahaayeen masjid. Masjidku wuxuu u ahaa xarun kulmiya bulshada shiicada ee deegaanka ku nool. Waxay ku oogi jireen salaadaha, ciidahooda khaaska ahna way ku qabsan jireen. Waxa kale oo ay lahaayeen goob ay ku qabsadaan dabaal-degyada iyo xuska ay ka mid tahay maalinta tobnaad ee Muxarram, maalintaas oo ah maalintii la diley Xuseen Ibnu Cali, rc. Waxay sameeyaan xaflado, isu-soobax iyo istun, qasiidooyin ay ku ammaanayaan Xuseen, kuna muujinayaan baroor-diiqna way qaadaan. Goobtaas waxaa loo yaqaan Xuseyniya ama Imambargah. Nin daris la ahaa ayaa ii sheegay inuu qayladooda iyo digrigooda maqli jirey, dadkuna ay isugu sheekayn jireen inay maanta Xuseyniya tahay. Waxa kale oo ninkaasu ii sheegay in masjidkii iyo xuseyniyadiiba ay degeen dad qaxooti ah. Bishii Janaayo 2015 oo uu Muqdisho ku noqdey wuxuu la kulmey dhowr nin oo ka mid ahaa dadkii reer Khuuja ee xilligii dagaalka

QAYBTA AFRAAD:
Gunaanad

ka qaxay magaalada oo dib ugu soo noqdey. Danahooda gaarka ah ka sokow, waxay u yimaadeen inay dadka ka saaraan masjidka iyo xuseyniyada. Wuxuu la kulmay qaar ka mid ah dadkii qaxootiga ahaa ee deggenaa oo diiddan inay guuraan iyagoon la siin magdhow, maaddaama ay muddo dheer masjidka ilaalinayeen. Waxaa ugu dambeysey iyadoo gorgortan u socdo dadkii qaxootiga ahaa iyo dhowrkii nin ee u yimid.

Nin shiikh ah ayaa ii sheegay inay maalin isaga iyo nin kale goosteen inay tagaan masjidka la sheegayo inay shiico leedahay. Nin soomaali ah oo ilaalo masjidka u ahaa ayaa ku yiri, "masjidkaan kaad mooddeen ma ahane, orda masaajiddaa kale ku tukada." Way ka diideen inay noqdaan, isaguna kama hor istaagin. Nin ay u maleeyeen inuu imaamkii ahaa ayey damceen inay la hadlaan, wuuse ka diidey inuu la hadlo ilaa uu gurigiisii ka galay. Shiikhu wuxuu ii sheegay inay isaga soo noqdeen, dib dambena aaney ugu noqon masjidkii.

Ilo-wareedka:
http://www.markacadeey.com/maqaalo1/AHM%20Presentation%20on%20Cultural%20Heritage%20at%20Risk_Istanbul%20Nov%2015-17,%202012.pdf
http://www.dewani.ca/12ksi.pdf

Lifaaqa Shanaad:

Markii uu dagaalka sokeeye waddanka ka qarxey, 1991, ururka guud ee ay shiicada Khuuja leeyihiin ayaa waxay markab weyn ka kireeyeen Kenya, iyagoo rabey inay dadka ku go'doonsan Muqdisho ay soo daad-gureeyaan. Dad lagu qiyaasey ilaa kun iyo dhowr boqol oo ka mid ah shiicada Khuuja ayaa Soomaaliya deggenaa, intooda badanina waxay deggenaayeen degmada Xamarweyne. Dabayaaqadii qarnigii 19aad ayaa labo qoys oo ka yimid Tansaaniya ay degeen degmada Marka, kaddibna waxay ku faafeen ilaa Muqdisho. Waxay xiriir dhanka diinta iyo luqaddaba la lahaayeen Tansaaniya oo xarun u aheyd. Waxay ku hadli jireen luqadda Sawaaxiliga, gaar ahaan reer Marka.

Figure 5.0: *BIDIX: Muuqaalkii Markabkii dadka lagu soo daad-gureeyey*

M/S "Ambassador I" flying a Pakistani flag and a Red Cross ensign steaming towards Mombasa having evacuated over 1,000 refugees from Somalia.

Figure 5.1: *KOR: Dadkii la soo daad-gureeyey oo markabka dushiisa saaran.*

1990 ayaa wafti uu hoggaaminayo guddoomiyaha ururka Khuuja ee Afrika ay yimaadeen Muqdisho si ay u indho-indheeyaan xaaladda jaaliyaddooda ku nool Muqdisho. Soo laabashadii waftiga, waxaa xigey inay u diraan koox khubaro waxbarasho ah, si ay u tayeeyaan iskuulka ay kooxdu ku leedahay Muqdisho, markaana loo yaqaanney Bakistaani School. Waxay qaateen manhajka waxbarasho ee Ingiriiska, iyagoo uga dan lahaa in carruurtoodu helaan

QAYBTA AFRAAD:
Gunaanad

waxbarasho waafaqsan Galbeedka, taas oo ay rajeynayeen inay mustaqbalka waxbarasho uu aadi doonaan.

Bishii November 1990, markii uu dagaalkii sokeeye magaalada ku faafey, ayuu ururku wuxuu kula taliyey shiicadii Muqdisho deggenaa inay dumarka iyo carruurta laga soo saaro Soomaaliya, lana geeyo Kenya iyo Tansaaniya. Madaxdii Muqdisho joogtey arrinkaa way fududeysteen, waxayna u arkayeen inay xaaladdu soo roonaan doonto. Midda kale, waxay u arkayeen inaaney u fududeyn inay dadka ka dhaadhiciyaan inay qaxaan, iyadoo in badan oo ka mid ahi ay qaraabo guur iyo mid dhalasho ay ku lahaayeen Soomaalida. Goor dambe oo arrini faraha ka baxdey ayey soo hanbaabireen, waxayna ku baraarugeen dhicii iyo dilkii oo iyaga soo gaarey. December, 1990 ayaa koox ganacsadayaal ah oo ilaa lixdan qof ah gaareen Nayroobi, waxaana la dejiyey goob ururku ku lahaa Nayroobi.

Markii uu ururku arkey in dagaalkii meel walba isqabsadey, ayna soo baxdey xubno ururka ka mid ahi inay dagaalkii wax ku noqdeen, dadkiina ay soo magan-galeen masjidkii ururka, ayey sameeyeen guddi arrinkaa wax ka qabta. Maaddaama garoonkii Muqdisho uu xirmey, guddigii la saarey waxay kireeyeen markab weyn si dhanka xeebta dadka looga soo daad-gureeyo. 12-kii Janaayo 1991 ayaa markabkii laga direy Mombaasa uu gaarey xeebta Muqdisho. Iyagoo adeegsanaya safaaraddii Talyaanigu Soomaaliya ku lahaa, waxaa la geeyey masjidkii ay dadku isugu tageen qalab isgaarsiineed, waxaana dadkii lagu wargeliyey in markabkii lagu qaadi lahaa uu soo gaarey xeebaha Muqdisho.

Kooxdii dadka daad-gureyneysey waxay la kulmeen caqabado tiro-badan oo isugu jira dhanka nabadgelyada, isgaarsiinta iyo sahaydaba. Xiriirro lala sameeyey dawladdii Soomaaliya iyo jabhadihii la dagaallamayey, labaduba waxay ballan-qaadeen inay nabadgelyo siin doonaan kooxda dadka gureysa. Habeennimadii 15-ka Jannaayo ayuu markabkii oo wada dad tiradoodu dhaafeyso kun ka shiraacdey Muqdisho isagoo ku sii jeeda Mombasa, dadkiina waxaa la dejiyey goobo ururku ku lahaa Mombaasa. Dad ilaa labo boqol gaarayey oo xilligaa ku harey, ayaa iyagana diyaarad lagu soo daadgureeyey dhammaadkii Feebaraayo, 1991. Kooxdu waxay sheegtay in ilaa shan qof ay ku hareen Soomaaliya, ugu dambeynna afar ka mid ahi ay ka soo bexeen waddanka, markii ay xaaladdu sii xumaatey.

Ilo-wareedka:
http://docslide.us/documents/lessonssomalia.html.

QAYBTA AFRAAD:
Gunaanad

Lifaaqa Lixaad:

Figure 6.0: *Madaxa ururka World Federation iyo dad kale oo ku tukanaya masjidkii shiicada Khuuja ku laheyd Muqdisho sannadkii 2011.*

Madaxa ururka shiicada Khuuja ee dunida ku nool ay ku midoobeen ee loo yaqaan World Federation Dr Asgarali Moledina iyo wafti uu hoggaaminayo ayaa safar ku tagey magaalada Muqdisho iyo xeryaha qaxootiga ee Dhadhaab. Ururku waxay sheegeen inay u yimaadeen kaalmo iyo gargaar ay u fidinayaan dadka ay abaarihii 2011 ay waxyeelleeyeen. Waxay la kulmeen madaxweynihii ku-meelgaarka ahaa ee xilligga Shariif Sh. Axmed iyo guddoomiyihii Gobolka Banaadir, Tarsan, iyagoo sheegay inay kala xaajoodeen sidii deeqda loo gaarsiin lahaa dadka tabaaleysan ee ku jira xeryaha qaxootiga ee Muqdisho ku yaal. Waxa kale oo ay sheegeen inay ilaa toban kun oo cuntooyin baakadeysan ah geynayaan xeryaha qaxootiga ee Kenya ku yaal.

Waxa kale oo ay ururku ballanqaadeen inay qodi doonaan ceelal biyo si ay wax uga qabtaan biyo-yaraanta. Sidoo kale, waxay sheegeen in arrinkani uu bilow yahay, diyaarna ay u yihiin inay ka qayb qaataan daryeelka dadka qaxootiga ah ee ku nool xeryaha Soomaaliya iyo Kenya. Intii uu waftigu joogey Muqdisho waxay soo booqdeen oo ay ku soo tukadeen masjidkii uu ururku ku lahaa Muqdisho, labaatan sano kaddib markii uu ururku qoysaskii shiicada ahaa ee Muqdisho deggenaa uu ka daad-gureeyey.

Ilo-wareedka:
http://www2.world-federation.org/Appeals/AppealHomePageID167

QAYBTA AFRAAD:
Gunaanad

Lifaaqa Toddobaad:

Figure 7.0: *Muuqaalka wiil yar oo Soomaali ah oo ay ka muuqato calaamadihii shiicada lagu yaqaanney*

Xilliyadan dambe waxaa bogagga war-isgaarsiinta iyo baraha lagu kulmo, sida facebook lagu faafinayey sawirro iyo xogo laga soo uruuriyey Soomaaliya, kuwaas oo muujinaya ololaha shiiceynta ee Iiraan ka dhexwaddo bulshada Soomaaliyeed. Wiilkaa yar ee sawirka ka muuqda, warbaahintu waxay ku sheegtay inuu yahay wiil soomaali ah oo ku nool Muqdisho. Funaanadda uu qabo waxay bixineysaa farriin cad oo sheegaysa cidda uu yahay. Waa calaamadihii iyo halku-dhigyadii shiicada lagu yaqaanney. 'Labbeyka Yaa Xuseen!' Xuseenow waan ku ajiibney! Waa hal-haysyadii shiicada iyo caqiidadoodii ku dhisneyd Ilaah-ka-dhigashada imaamyada ay sheegaan inay rumeysan yihiin.

Sawirku uma baahna fasir iyo faahfaahin toona. Waxaad mooddaa inuu leeyahay, "maanta waxaan joogaa xilligii aan muujisan lahaa diintayda shiicannimada iyo u gargaarka Aalu Beytka (waa hadalka ay caamada ku hodaan) oo aan ka bixi lahaa isqarinta iyo aashuun-ku-addinka. Waa ikaas, oo waa aniga maanta jidadkii Muqdisho aan dhex-laafyoonayo anagoon cidna ka baqeyn, astaamihii diinteydana xabadka ku sita." Runtii wax lala yaabo ma ahan arrinkaasu, waxaaba ka sii daran hay'adda ololahan wadda ismaba qarin oo waxay la baxdey aasaasihii kacaanka Iiraan, Alkhumeyni.

BOGGA SIXIDDA
(ERRATA SHEET)

WAXAA HUBAAL ah inaan kala-dhimmanaan laga waayeynin wax banii'aad qabtey. Inkastoo aan dedaal nagu yareyn, iskuna dayney inaan marar badan qoraalka isha marinno oo aan tifaftirno, haddana waxaa suurtowda in waxyaabo naga hoos baxaan. Sidoo kale, waxaa caqligal ah inaad nagu kordhisaan talooyin waxtar leh, ama aad soo bandhigtaan aragti cusub oo aan wadaagi karno. Sidaa darteed, waxaan akhristaha sharafta leh ka codsaneynaa inuu soo buuxiyo shaxdan hoose, nooguna soo hagaajiyaan cinwaanka hoos ku qoran. Sidoo kale, waxaan bogaadineynaa ciddii noo haysa faahfaahin intaa dheer oo isticmaasha warqadda faallada, ama email noogu soo dirta, amaba cinwaanka hoos ku qoran noogu soo hagaajisa:

BOGGA	SADARKA	KHALADKA	SIXIDDA	FAAHFAAHIN

Looh Press
C/O Mohammed Abdullah Artan
56 Lethbridge Close,
LE1 2EB, Leicester
United Kingdom
admin@LoohPress.com
www.LoohPress.com

WARQADDA FAALLADA

QAYBTA AFRAAD:
Gunaanad

www.ingramcontent.com/pod-product-compliance
Lightning Source LLC
Chambersburg PA
CBHW011613290426
44110CB00020BA/2581